사주명리
인생이 보인다

四柱命理

인생이 보인다

최경환

누리달

차례

책을 펴내면서   08

I. 사주명리에 대한 이해

사주명리에 대한 일반적인 의문   14

현대적 감각으로 사주명리를 바라보는 시선   16
1) 사주명리의 근본은 자연의 이치이다   16
2) 사주명리는 인간 삶의 영고성쇠를 입증한다   17
3) 사주명리는 자연이 주는 통찰과 때를 기다리는 학문이다   18
4) 사주명리는 결코 점이나 미신이 아니다   21
5) 사주명리는 희망의 학문이다   22

II. 사주명리로 알 수 있는 인생의 비밀

사주명리로 알 수 있는 비밀의 시작   26
1) 사주명리의 비밀 엿보기 1 - 가족의 상관관계   28
2) 사주명리의 비밀 엿보기 2 - 혼인   31
3) 사주명리의 비밀 엿보기 3 - 질병   34

사주명리로 알 수 있는 구체적인 비밀의 내막   36
1) 사주명리로 알 수 있는 사람의 성격 유형   38
2) 십신의 분포와 세력에 따른 사람의 성향   43
3) 사주명리로 알 수 있는 직업의 형태의 비밀   52
4) 사주명리로 알 수 있는 가족관계의 비밀   70
5) 사주명리로 알아보는 남녀 사랑과 결혼의 비밀   75
6) 사주명리로 알아보는 자식운의 비밀   105
7) 사주명리로 알아보는 질병에 대한 비밀   114

III. 사주명리를 해석하는 방법

사주명리 비밀의 문을 여는 열쇠   132

1) 사주명리의 비밀의 문을 여는 열쇠 1   134

2) 사주명리의 비밀의 문을 여는 열쇠 2   142
   · 고전적인 방법으로 화용 구조 및 설용 구조로 의사 행위

3) 사주명리의 비밀의 문을 여는 열쇠 3   143
   · 사고파는 행위가 이루어져 재부를 얻고자 하는 의사 행위

4) 사주명리의 비밀의 문을 여는 열쇠 4   146
   · 일간 10간의 특성을 파악하여 일주의 의향을 판단

5) 사주명리의 비밀의 문을 여는 열쇠 5   149
   · 생목과 사목의 판단

6) 사주명리의 비밀의 문을 여는 열쇠 6　　　　　　　　　　151

　· 상관결의 종류

7) 사주명리의 비밀의 문을 여는 열쇠 7　　　　　　　　　　155

　· 포국(포위를 하여 목적을 달성하는)으로 의사 행위

8) 사주명리의 비밀의 문을 여는 열쇠 8　　　　　　　　　　160

　· 일주론

9) 사주명리의 비밀의 문을 여는 열쇠 9　　　　　　　　　　269

　· 중요 사례 학습을 통한 사주 해석 방법

맺음말　　　　　　　　　　　　　　　　　　　　　　　　290

四柱命理

책을 펴내면서

사주명리를 만난 건 그야말로 우연이었다. 사주명리라면 그저 운명철학이라는 정도의 인식만을 가지고 있었고, 관심도 없었고 더구나 지식이라고는 전혀 없었다. 또한 사주명리에 흥미를 느끼게 되리라고는 전혀 생각도 하지 못했다. 단순한 호기심에서 시작해서 혼자 조금씩 공부를 하다 보니 조금 더 전문적으로 공부해야겠다는 욕심이 생겨 여러 스승님께 가르침을 받았고 고서를 탐독하면서 지평이 조금씩 넓어지고 있었다.

흥미와 호기심으로 공부를 하면서도 더 깊은 공부에 대한 욕구가 생겨나기 시작했고, 동시에 여러 가지 납득하기 힘든 의문으로 인해 항상 뭔가 편하지 않은 심정이 되곤 했다. 그래서 조금 더 체계적인 공부가 그런 의문을 해결해 줄 수도 있을 것이라는 기대로 대학원에서 동양철학을 공부하게 되었다. 하지만 대학원 공부로도 이런 의문과 욕구는 쉽게 해결되지 않았다.

의문과 욕구를 동시에 해결할 수 있는 방법은 역시 더 깊은 공부와 연구 외에는 답이 없다는 것을 깨닫게 되었고, 동시에 지금까지의 공부를 정리함으로써 사주명리의 참뜻과 조금 더 쉬운 접근법을 알려야겠다는 생각을 하게 되었다. 하지만 제한된 지면에 사주명리의 아주 기초적인 부분부터 언급하는 것은 무리가 있을 듯해서 사주명리에 대한 기초적인 이해가 있는 분을 대상으로 이야기를 풀어 보려고 한다.

구체적인 것은 내용에서 하나씩 서술하겠지만, 이 책을 통해서 말하고 싶은 것은 사주명리의 실용성을 방해하는 기존의 사회적 편견을 조금이라도 걷어내는 것에 그 목적이 있다. 더불어 사주명리의 진정한 의미와 가치 및 그 유용성을 보다 객관적으로 입증해 보이는 것에 있다.

사주명리가 존재의 가치를 입증하려면 사주명리가 사람의 운명을 정확하게 맞추어야 된다. 그러기 위해서는 사주 해석에 유용한 이론과 체계를 현실적이고 전문적인 활용을 통해서만 가능하기 때문에 그러한 방편의 일환으로 알기 쉽게 설명하고, 되도록 구체적이고 선명한 접근 방법을 소개하고자 한다. 그리고 직접적인 사례를 가지고 사주명리의 유용성을 하나씩 열거해 소위 무속인 등이 행하는 점, 굿 등의 주술적인 것과는 차별화 된 수천 년 역사와 배경을 가진 인생 지침서라는 사실을 말하려고 한다.

지금까지 사주명리가 이해하기 쉽지 않을뿐더러 지나치게 어려운 학문으로 치부되고 제대로 활용하는 것에 있어 나타나는 여러 가지 부작용을 최소화하고 싶은 심정이다. 더불어 이제까지 사주명리에 대해 널리 퍼져 있는 편견을 조금이라도 불식하고, 오랜 역사와 시간을 인간과 함께해 온 실용적인 학문임을 널리 인식시키는 것에 단연 일조하고 싶다.

또 하나 사주명리의 참뜻을 잘 이해하고 수용해서 각 전문 분야에서 널리 인재를 쓰고 조직을 운영할 때 적극적으로 활용할 수 있는 실용 학문으로 거듭날 수 있게 되기를 바라는 간절함을 더한다. 그런 의도와 노력임에도 불구하고 여전히 부족한 공부를 정리했음을 밝혀둔다.

사람들이 자기 운명을 납득하지 못하고 받아들이려고
하지 않은 경우 많은 고통이 마음의 병이 되는 경우가 많다.
자신의 처지를 남과 비교하고, 남의 배우자, 남의
자식과 비교하면서 매일 마음의 불을 태우면서 괴로움을
자초하는 일만큼 어리석고 소모적인 일은 없다.
사람들은 욕망을 절제하지 못해 정신을 태우면서 자신이
죽어가는 줄도 모르고 반복된 삶을 살아가기 쉽다.
이를 일반적인 도덕적인 윤리를 가지고 통제하는 것도,
무조건 참으라고 해도 안 된다.
그러나 나와 가족들의 사주명리를 파악하고 자신의
팔자 속에 배우자, 자식이 담긴 모습을 알게 되면 이해와
납득이 가능하고 마침내 마음에 큰 자유를 얻게 된다.
이해하고 납득을 하면 참을 것도 없다.
사주명리는 까닭을 알게 해서 마음의 큰 자유를 주어,
육신이 닳아서 죽는 것은 어쩔 수 없지만 정신을 태워서
죽는 일은 없게 하는 마음의 학문이다.

四柱命理

Ⅰ 사주명리에 대한 이해

사주명리에 대한 일반적인 의문

- 사주명리는 과학적 근거가 있는가?
- 사주명리는 미신이고 점인가?
- 사주로 무엇까지 알 수 있나?
- 사주명리가 100% 맞는가?
- 같은 사주로 다른 삶을 사는 것은 어떻게 설명할 수 있을까?
- 사주명리가 이 시대 우리에게 무슨 가치를 줄 것인가?

위에 열거한 의문 외에도 너무나 많은 의문을 가질 수 있다. 이 의문에 대한 정확한 답변은 사주명리를 아무리 오래 공부한 사람이라고 해도 명쾌하게 논리적으로 설명하기가 쉽지 않다. 필자 역시 위의 질문에 완벽한 답을 내놓을 수는 없다. 하지만 중요한 설명을 하나 덧붙이자면 사주팔자가 같은 사람이 전혀 다른 삶을 사는 이유는 무엇일까 하는 의문에 대한 설명으로 인간의 운명을 결정하는 요소 중에 3가지 경우가 중요한 영향을 준다는 것을 유념해야 한다는 것이다.

첫번째로 어머니다. 자기를 낳아 준 어머니 뱃속에서 떠나면서 부여받은 영향이 다르다는 것이다. 두 번째로 각각의 배우자에 의해 각각 다른 기운을 받는다. 세 번째로 자기가 살아가는 기본적인 환경, 즉 지역적인 차이, 문화적인 차이 등의 영향을 들 수 있다.

그래서 사람의 사주팔자를 해석할 때 결혼 여부, 어떤 배우자를 만나느냐, 그리고 자식 출산 여부, 그 다음에 자녀 형성의 모양 등에 의해서 운명이 달라진다. 그리고 똑같은 팔자라 해도 도시에서 태어났느냐, 지방에서 태어났느냐에 따라 사는 내용이 판이하게 달라질 수 있다는 것이다. 한 날 한 시에 태어나 사주팔자가 똑 같아도 한사람 운명에 절대적으로 영향을 주는 위의 3가지 대전제가 다르기 때문에 다른 삶을 살 수 밖에 없다고 설명을 할 수 있다.

수많은 학문이 그렇듯이 사주명리 역시 쉽고 명쾌하게 설명할 수 있는 것도 있지만, 아직도 풀지 못하는 숙제로 남아 있는 것들이 있다. 이런 과제들은 앞으로 이 분야 공부를 하는 수많은 사람들에 의해 지속적으로 연구될 문제이고, 그에 따라 많은 궁금증이 해소되기도 할 것이다. 그러면서 위에 제시된 몇 가지 궁금증에 대한 논리를 제공할 수 있으리라고 생각한다.

어떤 학문 분야를 막론하고 완벽한 것은 없다. 끊임없는 의문과 탐구 과정, 연구를 통해 완성을 향해 나아가는 것이다. 여기서는 필자가 공부하기 전에 알지 못했던 분야를 공부를 통해 깨우치게 된 개념을 개인적인 견해로 나름 정리한 것이다. 앞으로 사주명리에 대해 공부하는 더 많은 사람들이 이런 의문에 대해 구체적인 해법을 제시해 주기를 기대하기도 한다.

현대적 감각으로 사주 명리를 바라보는 시선

1. 사주명리의 근본은 자연의 이치이다

　사주명리학은 음양오행에 근거를 두고 해석하는 학문이다. 자연의 이치를 인간의 지식으로 전환하여 인간의 삶을 해석하는 해설서라고 할 수 있다. 태어난 年, 月, 日, 時를 오행으로 전환시키는 작업을 통해 각 개인이 가지고 태어난 우주의 에너지, 즉 기의 특성과 조화, 흐름 등을 가지고 각 개인의 운명을 해석한다.

　다른 어떤 분야보다도 자연에 기반을 두고 자연의 순환을 그 중심에 두고 있다. 자연계를 이루는 木, 火, 土, 金, 水 다섯 글자의 순환 논리를 가지고 내가 누구인지를 알려 주고, 내 운명의 이치를 깨닫게 해주는 학문이라 할 수 있다. 그 원리를 받아들일 수 없다면 결코 사주명리는 이해할 수 없다.

　인간의 모든 정보가, 그것도 어느 누구와도 같지 않은 개인의 정보가 DNA에 담겨 있는 것처럼 내가 태어난 연월일시에 나의 모든 운명이 담겨 있다는 것은 매우 흥미로운 일이라고 할 수 있다.

　사주명리는 자연법칙을 태어난 해와 태어난 달, 그리고 날과 시의 각 기둥 여덟 글자에 그대로 옮겨 이것을 가지고 음양오행의 이치로 풀어내는 것이다.

　어떤 사람의 사주가 木, 火, 土, 金, 水 중 어떤 것과 배합하여 어떤 형상을 가지고 있는가를 분석하는 것이 사주를 푸는 방식이다. 그뿐 아니라 전체적인 운의 흐름이 10년 주기로 바뀌는 인생의 행로를 대운, 1년 주기로 바뀌는 인생의 행로를 세운이라 한다. 이러한 운의 흐름과 해석이 사주와 어떤 연관 관계를 가지고 운행되느냐 하는 것을 이해하고 그에 따라 그 사람이 태어나 죽을 때까지 삶의 전반에 걸친 운명을 해석할 수 있게 된다.

2. 사주명리는 인간 삶의 영고성쇠를 입증한다

　사주명리는 모든 자연이 철저한 자연 현상과 섭리를 따르듯, 인간 역시 철저히 자연의 섭리에 따라야 하는 이 땅의 모든 존재와 다르지 않다는 사실을 기반에 두고 있는 학문이다. 자연의 모든 사물과 같이 인간에게도 생로병사가 찾아오는 것은 너무도 당연하다. 봄, 여름, 가을, 겨울 사계절이 순환하듯이 사람도 인생의 순환에 따라 자연과 같이 영고성쇠의 과정을 거치게 된다는 사실이다.

　삶의 운명적 순환은 자연의 순환과 같은 궤를 하고 있다. 자연의 빛은 희망으로 작용하고, 열은 삶의 의욕으로 승화되고, 수분은 만물을 움직이게 하는 원동력이 된다. 이러한 자연의 변화와 함께 계절이 탄생하고 우리 인간의 삶도 그 계절이 주는 의미와 함께 순환하면서 탄생하고 성장하고 열매를 맺고 수확한 후 결국은 쇠락해 가는 과정을 거치게 된다. 그런 면에서 사주명리만큼 자연의 일부인 인간 삶의 영고성쇠를 정확하게 가늠하고 입증하는 학문은 없다.

3. 사주명리는 자연이 주는 통찰과 때를 기다리는 학문이다

　봄은 만물이 소생하는 계절이다. 태어남과 소생의 과정은 필연적으로 고통을 수반한다. 우리 인생사의 봄도 그 소생의 고통을 겪는다는 점에서는 예외일 수가 없다. 태어남과 소생은 희망과 의욕으로 충만하지만 그 과정은 아픔을 동반하고 현실은 그 희망과 의욕만으로 생각처럼 움직여지지 않으니 결코 쉽지 않은 시간이다. 따라서 인간에게 어쩌면 봄은 가장 힘든 계절이 된다. 그러나 봄은 운이 상승하는 계절이라 희망을 가지고 살아가게 된다.

　여름은 소생의 시기를 지나 찬란한 시간이다. 인생의 여름이 오면 모든 환경과 여건이 충분해 웬만하면 안 되는 것이 없는 계절이고 시기라고 할 수 있다. 야망의 계절이라고 지나치게 자기 욕심만 차려 남을 무시하지 않는다면 그보다 더 좋을 수는 없다. 일이 잘 풀리는 시기라고 지나친 욕심을 내지 말고 자신을 경계할 수 있어야 된다. 물론 모든 환경이 좋다고 가을의 수확을 보장받지는 않는다. 과도한 욕심으로 남들이 심어놓은 것을 보고 욕심이 앞을 가려 힘들여 봄에 씨 뿌린 논을 갈아엎고 남을 따라 다른 것을 심는 어리석은 행위로 가을 혹은 겨울에 헐벗고 굶주리게 되는 불행을 맞게 되기도 한다.

　가을은 수확의 계절이다. 인생에도 가을이 오면 풍요로움이 찾아온다. 모든 것이 뜻대로 원하는 대로 되는 것은 아니지만 그래도 지난봄부터 여름 사이에 정성을 들이고 노력한 결실을 맺는 것이라 나름 만족감을 느낄 수 있는 인생의 주기에서 가장 황금기라고 볼 수 있다.

　그런데 자칫 잘못하면 남의 것과 비교하면서 자신의 갖고 있는 것에 만족하지 못하고, 자신이 가진 것에 대해서는 하찮게 생각하고, 당연한 것으로 여기고 남이 가진 것에 대한 부러움과 시기와 질투를 한 나머지 불만의 계절이 되어버리는 우를 절대 범해서는 안 된다. 인생을 살다 보면 주위에서 자신의 수확도 나름 상당한 의미가 있음에도 불구하고 자신의 노력을 폄훼하고 스스로 불만을 느껴 돌이킬 수 없는 실수를 저지르는 사람이 허다하니 그 어리석음은 말로 다 할 수 없다.

　마지막으로 겨울이 오면 많은 사람들은 은퇴의 시기로 마냥 쓸쓸하고 외롭고 두려운 계절이라 생각할 수 있지만 지나온 시간을 반추, 반성해 보면서 때가 되어 물러나는 것이 인생에서 중요한 과정이라 생각하면 된다. 겨울은 춥고 힘든 계절이지만 가을에 거두어들인 수확을 잘 관리하면서 지낼 수만 있다면 크게 바쁜 일도 없고 한가로이 거닐면서 살아갈 수 있으니 겨울이야 말로 편하고 좋은 계절이 될 수 있다.

　이처럼 인간의 삶과 운명의 순환과 자연의 순환은 너무나도 흡사하고 일치한다. 그래서 사주명리는 자연의 기반을 둔 학문이라 말하고. 그 속에서 사주명리의 진수가 나오고 있다.

　계절의 순서나 그 속성을 결코 바꿀 수 없듯이 사람의 운명 역시 순서를 바꾸거나 그 고유함을 자유자재로 바꿀 수는 없다. 이 부분에서 추가로 밝히고 싶은 것은 인간의 운명 순환 주기는 첫째. 나이를 먹어감에 따라 진행되는 일반적인 순환 주기가 있고,

둘째 각각의 사람들이 타고난 운명의 순환 주기가 별도로 있다는 것이다. 좀 더 구체적으로 말하면 사람마다 타고난 인생 주기가 다 다르다는 말인데 어떤 사람은 젊은 시절에 인생의 겨울이 시작되는 사람이 있고, 어떤 사람은 늙은 시절에 인생의 여름이 시작될 수도 있다는 것이다. 그래서 일반적으로 나이를 먹는 것처럼 봄, 여름, 가을, 겨울 순으로 운명의 주기로 흘러가는 것이 아니고 사람마다 고유의 인생 주기를 타고 흘러가서 사람마다 시기적으로 계절의 순환 주기가 다르다는 뜻이 된다.

간혹 나이가 이미 많이 들어서 인생 주기로는 겨울인데도 젊은 사람처럼 여름을 보내고 있는 사람들이 있다. 젊은 사람들처럼 여전히 야망을 품고, 자신을 좀 더 적극적으로 드러내고, 과도한 욕심을 부리고 상당한 활동량을 가진 나이 많은 사람들을 만날 수도 있다. 이런 사람들은 가만히 있지 못하고 계속 무언가 새로운 일을 벌이고 나이에 걸맞지 않는 외모와 옷을 입고 종횡무진하기도 한다. 즉 인생의 여름을 보내고 있는 중이다.

이처럼 모든 사람이 천편일률적으로 인생 순환 주기에 맞춘 삶을 사는 것은 아니어서 그 사람의 운명을 볼 때 타고난 운명의 주기가 어떠한지를 파악해 보는 것이 중요하다. 사람의 운명의 그릇의 크기에 따라서 삶의 성취도가 달라서 만족의 형태가 다를 수 있지만 삶의 성취가 곧 행복의 척도는 아니다.

그리고 인생에 각각의 주기에서 계절이 주는 인생과 삶을 바라보는 가치와 기준을 잘 지켜 인생을 살아간다면 자기 자신의 분수에 맞는 삶을 살 수 있기에 충분히 행복하게 살 수 있다고 본다.

국화가 장미가 될 순 없어도 국화로서 살면서 노력 여하에 따라 얼마든지 행복할 수 있고 인생의 계절이 주는 의미와 미션을 제대로 수행하면서 좋은 운을 기다리면서 열심히 노력하면 된다.

누구나 모두에게는 자기 때와 제철은 오기 마련이고 그 원리는 자연의 순환의 논리에 근거한다는 사실이다.

―김태규의 〈당신의 때가 있다〉 중에서

4. 사주명리는 결코 점이나 미신이 아니다

사주명리는 긍정적으로 활용하면 약이 되고 부정적으로 쓰면 독이 된다. 많은 사람들이 사주명리학을 이용해 마치 신점을 보듯 극도의 불안감을 주고 여러 가지 처방을 요하는 부적, 굿, 접신 등의 행위로 사주명리의 진정한 의미를 왜곡시키는 경우가 많다.

이러한 행위는 사주명리에 대한 잘못된 편견을 더욱 가중시키고 심지어 근거 없는 미신으로 치부하게 만들어 왔다.

그래서 그 수많은 세월 동안 인간들과 함께한 인간학인 사주명리가 많은 사람들에게 외면을 받는 안타까운 현실을 초래하기도 했다.

사주팔자라는 것은 태어난 연월일시 네 개의 기둥 여덟 글자를 말하고 이것을 정확하게 음양오행의 이치로 풀어내는 공부, 아주 직관적이고 또 시각적으로 자기를 보는 우뇌의 학문이기 때문에 사주를 보는 사람이 공부의 깊이가 어떤가에 따라 그 해석의 차이가 많아 여러 가지 부작용을 낳고 있는 것이 지금의 가장 큰 문제점으로 보이기도 한다.

또한 섣부른 운명을 점치는 상업주의에 편승한 행위가 심오한 인간학인 사주명리학의 본질을 흐리는 안타까운 일이 너무나 만연되어 있다.

사주명리 공부는 멀고도 먼, 깊고도 깊은 학문이라 누군가의 사주팔자를 풀기 위해서는 최소한 10년 이상 공부가 필요하다. 한 사람의 사주팔자를 감정했다하더라도 그 사주의 진정한 영적 메시지를 정확히 읽고 해석하기란 결코 쉽지 않다. 하지만 시중의 술사들이 얄팍한 공부로 무궁하고 광대한 사주명리의 의미를 왜곡하고, 더 나아가 돈벌이 수단으로 전락시켜 세상의 민폐 학문으로 인식하게 되는 불명예스러운 빌미를 제공하게 되었다.

사주명리는 통계학적으로 관찰되어 온 제도권의 학문으로 우리 삶에 어쩌면 가장 가까운 영적 학문으로서, 그 학문이 갖는 의미와 가치를 손상시키는 근거 없는 점이나 미신 형태가 아닌 통찰과 희망의 학문이다.

5. 사주명리는 희망의 학문이다

사람들은 현재 삶이 너무 고통스러워서 희망이 보이지 않거나, 앞으로 닥칠 미래에 대한 불확실성으로 인해 불안이라는 감정을 떨쳐내지 못하고, 그 불안은 시대를 관통하며 마치 질병처럼 인간의 삶을 힘들게 해왔다. 오랜 세월 인간은 이런 불안감을 이겨낼 위로의 증거를 찾고 싶어 했고, 자신의 운명을 알고 싶은 인간의 간절함과 함께 해 온 것이 바로 사주명리이고, 그런 의미에서 사주명리학은 인류의 역사와 맥을 같이 하는 학문일 수밖에 없다.

하지만 사주명리는 단순히 앞으로 일어날 길흉을 말하기 보다는 천간 10간, 지지 12지지로 구성하여 만들어진 사주팔자의 경우의 수가 100만개를 넘는데 그 중에 하나인 사주팔자는 모든 사람의 삶은 결국 결핍에서 시작되고 그런 결핍은 사주팔자 속에서 체현되어 나타나니, 모든 사람은 완전할 수없는 원초적인 결함으로 여러 가지 문제로 인해 삶 속에 사람들을 힘들게 하여 많은 고통으로 괴로워하게 된다.

그런데 사주명리는 이 모든 상황에 대해 팔자소관이라는 이름 하에 받아들이는 수용능력을 갖게 되어 이러한 고통을 이겨낼 수 있는 힘을 얻게 된다.

인간의 존재는 결코 완전할 수 없다. 인생사의 여러 가지 고통은 욕심과 상대에 대한 그릇된 기대치에서 비롯되고, 나의 욕심과 기대치를 채워 주지 못한 세상과 상대를 원망하게 된다.

이때 사주명리는 사람이 결핍으로 시작하고, 그 결핍의 원인이 본인 탓이 아닌 태어날 때부터 그런 팔자로 태어나기 때문에 사람의 운명의 한계를 받아들이게 된다,

그 한계 속에 자신을 수용함으로써 그것으로 삶의 위안을 받게 된다. 그리고 그 한계를 극복하는 것도 본인 밖에 없다는 사실을 인지하여 희망을 갖고 삶을 살아가는 태도와 방법을 갖게 해 준다.

―양창순의 〈명리심리학〉 중에서

사주 팔자의 정답을 알고 싶으면 재와 관의 처자 인연법을
우선 살피고, 관과 식을 보면 가족 형성, 자식 생산
그리고 직업적 환경까지 가늠해 볼 수 있다.
그 다음에는 재성과 인성의 인연법을 보면 된다.
재와 인성의 모습으로 부모의 길흉을 알 수 있고,
재(父)와 인성(母)의 조화로움이 한 사람 성장에 지대한
영향을 주기 때문에 재와 인성의 부조화는 현대인의
정신적인 병으로 나타나기도 한다.
인성은 기본적으로 학습과 사회성으로 나타나는데
이때 재성을 만나야 사회적인 가치로 환원하고
재산적인 행태로 바꿔 쓸 수 있다.
마찬가지로 인성이 없는 재성은 반드시 부침이 발생한다.
그래서 인성이 있어야 진짜 재산이 된다.
八字에 인성만 득세해 있으면 父와 母의 인연이
기울어지고 어려서 소년 환경이 나빠지고 사회 참여를
위한 학습과 사회적인 능력을 발휘하는 힘에서
부조화가 생기게 된다.
즉 공부를 잘한다고 해서 재물을 모으기 쉽지 않다.

四柱命理 II

사주명리로 알 수 있는 인생의 비밀

사주명리로 알 수 있는 비밀의 시작

　사람은 누구나 예외 없이 인생 여정 속에서 수없이 많은 문제를 만나게 되고 매순간 선택을 해야만 한다. 한 순간의 선택으로 인해 성공과 실패를 경험하기도 하고 행복과 불행의 갈림길에 서기도 한다. 중요한 선택을 해야 하는 순간에는 자신의 선택의 결과에 대해 궁금증을 가지게 되고 때로는 두려움마저 가지게 된다. 이런 궁금증과 두려움을 해소할 수 있는 방법은 없을까? 또한 가장 현명한 선택은 어떤 것인가에 대한 실마리를 가질 수는 없을까? 그 궁금증과 선택에 기준에 대한 답을 얻기 위한 유일한 방법은 사주명리 외에는 없다고 확신한다.

　인간 삶의 주기에 있어 누구에게나 가장 중요하고 또한 궁금한 공통적인 사항을 정리해 보면 대략 다음 여섯 가지로 압축될 것이다.

　첫째, 나의 재능은 무엇이고 그 재능에 맞는 공부는 어떤 것일까. 학업운이다. 둘째, 어떤 일을 하면 잘할 수 있고 성공할 수 있을까. 즉 직업운이다. 셋째, 어떤 배우자를 만나서 결혼하면 행복한 결혼 생활을 할 수 있을까. 결혼운이다. 넷째, 2세를 낳는다면 나의 2세는 어떤 아이일까. 자식운이다. 다섯째, 과연 나는 많은 재물을 가질 수 있을까. 재물운이다. 여섯째, 나의 건강과 노후는 어떨까, 혹시 조심해야 하는 질병은 있는가, 건강운이다. 이런 질문에 대한 답을 줄 수 있는 것이 지금 사주명리 외에 어떤 것이 있는가? 단연코 없다고 장담한다.

그래서 지금부터는 사주명리로 우리 인생에 숨어 있는 비밀의 문을 열어 보려고 한다. 그 과정 속에서 사주명리에 대한 인식을 새롭게 전환시킬 수 있을 것이며, 구체적인 사례를 들어 사주명리가 우리 삶에 주는 유용성과 실용성을 입증해 볼 수 있을 것이다.

최대한 많은 사례를 통해 설명할 수 있으면 좋겠지만 제한된 지면인 만큼 몇 가지 실제 사례의 충분한 해석을 통해 사주명리가 한 사람의 인생에 어떻게 영향을 미치는지에 대해 납득할 만한 설명을 덧붙이고자 한다.

사주명리의 비밀 엿보기 1 - 가족의 상관관계

아래에서 보여 주는 예는 실제 한 가족 구성원 각자의 사주 속에서 서로의 관계와 인연의 비밀을 통해 가족 전체의 삶을 엿보고, 사주명리로 그 가족 간의 관계와 비밀을 풀어보는 사례라고 할 수 있다(사주명리를 어느 정도 이해하고 있다는 가정 하에 설명을 했기 때문에 이해가 되지 않는 것은 이후의 설명으로 보완 가능).

아버지 命

乾

庚	癸	己	乙
申	未	丑	酉

71 61 51 41 31 21
辛 壬 癸 甲 乙 丙
巳 午 未 申 酉 戌

어머니 命

坤

辛	辛	乙	庚
卯	未	酉	寅

68 58 48 38 28
戊 己 庚 辛 壬
寅 卯 辰 巳 午

아들 命

乾

癸	壬	辛	丙
卯	辰	丑	辰

63 53 43 33 23
戊 丁 丙 乙 甲
申 未 午 巳 辰

큰딸 命

坤

癸	甲	丙	壬
酉	申	午	戌

58 48 38 28 18 08
庚 辛 壬 癸 甲 乙
子 丑 寅 卯 辰 巳

작은딸 命

坤 戊癸乙己
    午未亥巳

36 26 16 06
己戊丁丙
卯寅丑子

가족 命의 특징

① 부부 사이는 좋다.

② 부인은 건강이 좋지 않고 심장병으로 수술을 했다.

③ 부모와 아들의 사이가 안 좋다.

④ 작은딸은 정신적으로 문제가 있다.

⑤ 손자가 안 좋다.

〈가족 구성원의 사주 해석〉

아버지 사주 해석

· 사주에 나타나는 가족 관계 : 己丑(아들), 未 中 丁火(부인), 未土(딸).

· 인성으로 포국하여 공무원 命인데 己土가 癸水를 克, 직장 命으로 정년퇴직한 命.

· 癸未(본인) 입장에서 볼 때 己丑(아들)이 흉신이라 사이가 좋을 수 없고, 丑未沖으로 본인은 돈을 잘 벌었으나, 未土에 해당하는 부인, 딸은 좋지 않다(丑은 申, 酉 입묘로 丑이 굉장히 강함).

· 이럴 경우는 떨어져 사는 것이 하나의 방법이 된다.

- 辛巳 대운 己亥年 : 巳酉丑三合으로 丑未沖으로 작은 딸 정신병 발생.
- 壬午 대운 乙未年 : 부인 심장이식 수술.

어머니 사주 해석

- 사주에 나타나는 가족 관계 : 未 중 丁火(남편), 卯木(아들), 乙木(큰 딸), 寅木(작은 딸).
- 寅 중 丙火(심장), 未土(심장 위치), 사주에 寅木이 庚金에 克을 받고, 寅酉절로 심장에 문제가 있는 것이 사주에 체현.
- 己卯 대운 乙未年 : 卯酉沖으로 寅木이 未고로 들어간다 (수술).
- 己卯 대운 戊戌年 : 寅戌 공합(작은 딸 공시 합격).
- 己卯 대운 己亥年 : 寅亥合으로 불이 꺼진다(작은 딸 머리가 이상).

아들 사주 해석

- 사주에 나타나는 가족 관계 : 辛丑(딸), 丙辰(아들), 丑 중 癸水(모친), 丙火(부친).
- 卯辰穿으로 아들(성)과 자식(궁)이 천도하고, 時지에 상관, 丙辛合으로 아들이 말을 잘 못하는 문제가 있음.
- 午 대운에 丑午穿으로 모친 심장 수술.

큰딸 사주 해석

- 사주의 세력이 비슷해서 관을 제압하기 쉽지 않다.
- 운의 흐름이 관을 제압하는 寅대운은 좋은데, 다음 丑, 子 대운은 좋지 않아 걱정이다 (반국).

· 申 중 壬水가 허투해서 丙壬冲으로 체를 건드려 안 좋다.

작은딸 사주 해석

· 戊癸合, 午亥合으로 대상 戊午를 제압하려는 의사로 공무원 命.
· 戊寅 대운 戊戌年 : 寅午戌三合으로 午亥合 공시 합격. 丑대운 내내 공시 도전했으나 불합격.
· 丑午穿으로 대상을 제압해 좋을 것 같은데, 丑土가 연체(亥水)를 克해서 사주의 의사인 午亥合이 안 되어 불합격.
· 己亥年 : 巳亥冲으로 체를 冲해 안 좋다. 己土가 癸水를 克.

사주명리의 비밀 엿보기 2 - 혼인

사주에서 혼인에 대한 비밀을 풀 수 있는 몇 가지 사례를 살펴봄으로써 사주를 통한 혼인이 좋고 나쁨을 판단하는 기준을 알아내는 방법.

혼인에 문제 있는 사주

사례 ①

坤

戊	己	甲	己
辰	卯	戌	酉

42 32 22 12 02
己 戊 丁 丙 乙
卯 寅 丑 子 亥

사주의 특징

- 소비 성향이 강하고 (비겁이 왕함), 성격이 강함.
- 미인형이고 학원 강사 命.
- 戊寅 대운 辛巳年 이혼.

사주 해석

- 卯木이 남편, 남편궁(정궁, 정성)
- 卯辰穿, 卯戌合으로 이혼상(궁이 괴, 남편을 다른 사람이 합해 가는 모양).
- 卯(남편궁)가 卯辰穿, 卯酉沖으로 궁괴.
- 戊=巳=戌로 卯戌合(다른 사람이 합해간다).
- 甲戌과 合이 되어 2번째 남자가 있음 (유부남=결혼한 사람).

사례 ②

坤 | 癸 丁 戊 乙 | 55 45 35 25 15 5
    | 卯 未 寅 未 | 甲 癸 壬 辛 庚 己
    | | 申 未 午 巳 辰 卯

사주의 특징

- 편인이 왕성해서 남자가 살기가 힘들다.
- 癸水=남자성이 時에 있어 혼인이 늦을 수 있고, 아니면 대운에 남자가 와야 한다.

사주 해석

- 결혼 시기인 辛巳 대운, 辛巳자합으로 관재문이라 결혼이 어렵다 (관재문 : 남자에 대한 관심이 없어짐).
- 壬午 대운 : 丁壬合(결혼 가능성 있음), 午未合 폐궁이 되어, 있는 사람이 떠나야 한다.
- 癸未 대운 : 戊癸合으로 남자가 많고, 未 중에 丁火가 있어 여자가 있는 유부남이 있다.

사례 ③

乾	丁 庚 丙 己
	丑 寅 子 丑

66 56 46 36 26
己 庚 辛 壬 癸
巳 午 未 申 酉

사주의 특징

- 젊어서 이혼.
- 이혼 후 유부녀와 교제 많음.

사주 해석

- 寅 중 丙火가 허투(이혼하는 상). 寅木이 부인(성)이고, 궁임(정궁정성).
- 寅丑合으로 유부녀와 合(유부녀와 동거 중). 丑 중에 辛金이 있어서 유부녀.

사주명리의 비밀 엿보기 3 - 질병

사주를 통해 한 사람의 질병 예후를 살펴봄으로써 사주명리 해석에 따라 장차 일어날 질병의 징후를 판단하여 예방하고 주의하여 인간의 꿈인 무병장수를 실현할 수 있는 삶의 지혜.

사례 ①

坤

壬	戊	癸	丙
戌	戌	巳	申

29 19 09
庚 辛 壬
寅 卯 辰

사주의 특징

· 18세에 辰대운 癸丑年 백혈병 사망.

사주 해석

· 申金(골수), 丙申, 巳申合으로 백혈병 취약.
· 丙壬沖, 戊癸合(물이 없다).
· 申金이 丑으로 입묘, 辰으로 다시 입묘 (음이 사라져 사망한다).

사례 ②

乾

壬	癸	壬	乙
子	未	午	丑

58 48 38
丙 丁 戊
子 丑 寅

사주의 특징

· 배우 허장강 命으로 丁丑 대운, 乙卯年 심장마비로 사망.

사주 해석

· 午火=심장, 丑午穿으로 심장에 문제 발생 예후.
· 丁丑 대운 : 丁대운은 午火, 未土가 허투, 丑午穿, 丑未沖으로
　　　　　　　 양기가 다 꺼짐.
· 乙卯年 : 卯木=未土를 응기, 子未穿(연체를 괴). 子卯破.

사례 ③

```
坤    丁 庚 丙 丁      46 36 26 16 06
      丑 申 午 未      辛 壬 癸 甲 乙
                      丑 寅 卯 辰 巳
```

사주의 특징

· 丙午에서 丁火가 허투하여 庚金을 극 (흉신포국).
· 寅 대운: 폐암 발견.
· 辛丑 대운: 乙未年 폐암으로 사망.

사주 해석

· 寅 대운에 寅木이 午火를 生하여 흉신포국 응기.
· 丑=폐, 丙午, 丁未, 丁火가 암세포. 丑은 귀신의 묘.
· 辛丑 대운 乙未年 : 고가 열려서 사망.

사주명리로 알 수 있는 구체적인 비밀의 내막

사주명리를 단순히 인간의 길흉을 아는 학문으로 제한하지 말고 좀 더 광범위하게 우리 실생활에 적극적으로 활용할 수 있다면 그 효용 가치는 대단할 것으로 기대 된다. 예를 들어 각 분야에 몸담고 있는 여러 전문가에게 본인의 업무에 실질적인 도움을 줄 수 있는 실용 학문으로 자리 잡을 수 있다면 그 기대 효과는 상상 이상일 것이다.

사주를 볼 때 대부분 사주를 보는 사람의 눈높이에서만 해석하기 때문에 그 속에 숨어 있는 대단히 복합적인 운명적 역학 관계 함수 메카니즘을 읽어내는 것이 쉽지 않다. 사주명리를 단순히 자신의 미래를 궁금해 하는 사람의 일차적 욕구를 충족시켜주는 돈벌이 수단으로서 활용하기 보다는, 사람 그 자체를 제대로 알 수 있도록 풀어내 줄 수 있어야 한다. 더 나아가 인간 삶에 좀 더 적극적이고 공개적으로 활용하여 선한 영향력을 확대시킬 필요가 있다고 본다.

구체적으로 예를 들어 보면 사주명리를 통해 한사람의 성격과 성향을 파악한 내용을 단순한 학업 진로나 직업 선택에 도움을 받으려고 하는 사람은 많다. 하지만 단순 그 과정에만 그칠 것이 아니라, 부모님을 비롯하여 학교 선생님 뿐 아니라 그 사람이 사회 조직에 몸담았을 때 직장 상사들까지 제대로 된 정보가 공유될 수 있다면 어떤 효과가 있을까. 그 사람의 정확한 성향 판단과 더불어 어떤 가치를 추구하고 있는지, 또 무엇을 하고 싶어 하는지에 대한 정보를 가지고 있다면 학교 현장이나 직장에서 훨씬 더 긍정적인 효과를 나타낼 수 있지 않을까? 그럴 경우 그 사람의 사주명리를 통한 성격 및 성향 분석의 정보는 아주 큰 도움이 될 것이라고 본다.

또한 사주명리는 인생을 살아가면서 마주하게 되는 중대한 문제에 관해 지혜를 제공해 줄 수가 있다. 어떤 사람과 결혼해야 행복할지, 직장생활을 하는 것이 좋은지, 사업을 하는 것이 좋은지. 또한 어떻게 하면 자녀를 보다 더 좋은 길로 안내할 수 있을지 등, 중요한 판단 기준을 요구하는 시기에 자기 자신에 대한 충분한 이해를 바탕으로 합리적으로 납득하고 수용할 수 있는 방법과 지혜를 제공받을 수 있다. 다시 말해서 한 사람이 사회에 적응해 나아가고 스스로 어떤 삶을 사는 것이 가장 지혜로운 것인가를 가늠해 볼 수 있는 통찰력을 얻을 수 있게 되는 것이다.

이뿐 아니라 사주명리를 통해 신체 오장육부의 상태를 파악하여 본인의 질병 예후를 파악할 수도 있다. 물론 그 정확도와 구체적인 상태는 사주를 풀어 주는 사람의 능력에 따라 크게 다를 수 있지만 그러한 질병에 대한 사전 지식과 예방 차원에서 대처할 수 있는 안목만으로도 충분히 사주명리의 유용성의 가치는 빛날 것이라고 본다.

물론 사주명리를 통해 이른 봄에 무더운 여름이 온다는 사실을 알고 있다고 해서 여름의 무더위 그 자체를 피할 수는 없지만, 사주명리의 지혜를 빌린다면 무더위의 피해와 강도를 조금이나마 줄여갈 수 있는 삶의 방편을 충분히 얻을 수 있다고 본다.

사주명리로 알아보는 사람의 성격 유형

사주명리로 본 성격 유형

(1) 자기주장이 강하고 성취 욕구가 강한 행동지향형
(2) 통제력이 뛰어나고 책임감이 강한 자기 절제형
(3) 물질에 대한 지배욕이 강하고 이재에 능한 현실추구형
(4) 수용 능력이 뛰어나 생각이 깊은 사고지향형
(5) 강한 자아로 과감하고 자긍심이 강한 권력추구형

성격으로 사람의 유형을 분류해 본다면 위의 대표적 다섯 가지 성향에 보조적인 성향을 감안해서 대략 20가지 정도로 파악할 수 있다. 거기에 오행이 갖는 각각의 고유 특성을 감안하면 약 100가지 성향으로 분류해 볼 수 있다.

(1)번 성향의 직업군으로 예술가, 배우, 운동선수들인데 주된 성향의 오행이 木, 火에 해당하며 배설 기능이 뛰어나 경박하기 쉽다. (2)번 성향과 (4)번 성향이 취약해서 자기 통제력이 떨어져 자칫 잘못하면 살아가면서 큰 실수, 즉 마약과 도박 등으로 패가망신하게 되는 경우가 많다. 또한 남의 말을 알아듣고 이해하는 능력이 떨어져 의사소통이 일방적인 경우가 많아 사람과의 인간관계 유지가 쉽지 않을 수 있는 문제점이 있을 수 있다.

(1) 자기주장이 강하고 성취 욕구가 강한 행동지향형

식상이 많은 사주로 자신이 가지고 있는 능력을 표현하거나 행동으로 옮겨 결과물을 산출하는 역량을 상징한다. 자기표현 능력이 우수하고 성취에 대한 야망도 높고 감각적이어서 예술분야에서도 역량을 발휘한다. 주로 직업군으로는 예술가, 탤런트, 배우, 운동선수들이 많다.

乾　| 甲 癸 庚 辛 |
　　| 寅 酉 寅 亥 |

현재 활발하게 활동하고 있는 우리나라의 유명 MC 命

- 식신보다 상관이 많아 자기 뜻대로 하고 싶어 하고 나서기를 좋아하며 말이 앞서는 경향이 있다.
- 상관은 식신과는 다른 기질을 갖고 있는데, 식신은 낙천적인데 반해 상관은 낯선 느낌이고 기존 질서에 대한 반감이 있다.
- 식상이 많아 예술적 감수성이 뛰어나고 자기 통제 성향 나타내는 오행(土,관성)이 없어 다른 사람의 통제나 간섭을 싫어한다. 스스로 독단적인 행동하려는 경향이 강하다. 행동지향적일 수밖에 없는 유형이다.

(2) 통제력이 뛰어나고 책임감이 강한 자기 절제형

관이 잘 발달된 사주로 관은 자기를 克하는 오행이므로 스스로를 절제하는 역량이다. 주로 명예와 건강, 원칙, 안정성을 의미한다. 사회적으로 성공하기 위해서 적절한 식상이 받쳐 줘서 튼튼한 관을 제어할 줄 알아야 한다.

관이 약하면 스스로 통제 못하여 문제가 생길 수도 있고, 관이 너무 왕하면 남이 비판하기 전에 스스로에 대한 비판이 강해져 본인의 기량을 제대로 발휘 못하는 경우가 많다. 주로 직업군으로 공무원과 관리자들이 많다.

乾　　丁 甲 庚 戊
　　　卯 寅 申 申

미국 36대 대통령 존슨 命
· 관성 중에 가장 강직하고 타협을 모르며 관성의 특징과 상반되게 자기 입장을 뚜렷이 밝힌다.
· 관성 중 편관은 뛰어난 기지와 배짱이 있고, 의리를 중시하고 과시욕이 있으며 분노와 과격함으로 상대편의 공격을 받기도 한다.

(3) 물질에 대한 지배욕이 강하고 이재에 능한 현실추구형

재성이 많은 사주인데 일간이 튼튼하고 돈을 만들어 내는 식상과 함께 좋아야 하고, 그렇지 않고 일간이 약할 경우에는 돈으로 인해 패가망신을 할 수도 있다. 비겁이 많을 경우 재운이 들어올 때 그 돈을 놓고 여러 사람이 싸우는 형상이 되어 문제가 될 수도 있다. 이런 사주는 현실적 가치를 추구하는 면이 높아 인간관계에서 경쟁성향과 자기중심의 성향이 높다. 독표 의식이 뚜렷하여 자신의 성취를 위해 매진하는 유형이며 주로 사업가나 부자들이 많다.

乾　　丁 戊 辛 丁
　　　卯 子 亥 酉

3대 고시를 합격한 천재, 판사, 국회의원도 지냈던 命.

· 토금상관격의 형태인데 재를 봐서 배인이 안 된 命으로 탐욕, 기회주의자의 성향으로 매우 현실적이다.

(4) 수용 능력이 뛰어나고 생각이 깊은 사고지향형

인수가 적절한 경우. 생각이 깊고 인간에 대한 근본적인 이해와 자비의 마음을 가지고 있다. 위기 앞에 넘어지지 않는 뿌리 깊은 나무와 같으며 학문적인 역량을 발휘할 수 있다. 인수가 지나치면 잘 움직이지 않고 준비와 생각만 하고 의존적인 성향이 강해지는 단점이 있다.

인수가 균형 잡힌 命은 생각이 깊고 통찰력이 높아 사물의 본질을 제대로 파악하며 실수 없이 일을 처리하는 능력을 갖는다. 인수는 기본적으로 자애로움과 온고지신. 보수적인 기운이다. 직업군으로 학자, 종교인들이 많다.

坤　　乙 甲 丙 壬
　　　丑 辰 午 申

모 대학교 총장이면서 대학병원 이사장 命

· 식상과 인성이 적절한 균형을 이루어 조화가 잘 된 命.

(5) 강한 자아로 과감하고 자긍심이 강한 권력추구형

비겁이 많은 사주로 자긍심이 강하고 경쟁적이며 자기주장이 강한 면이 있다. 지배당하는 것을 싫어하고 추진력이 강하다. 의협심이 강하여 아랫사람과 잘 지내나 윗사람 및 권위에는 저항하며 아예 새로운 질서를 만드는 경향도 있다. 빠른 판단력과 결정력으로 중요한 직책을 맡아 업무를 추진하고 수행하는 능력이 뛰어나다.

건강한 자긍심과 책임감으로 강한 리더십을 발휘하지만 변화를 싫어한다. 직업군으로 정치가들이 많다.

乾　| 辛 辛 庚 辛 |
　　| 卯 丑 子 巳 |

전직 대통령 命

· 천간이 전부 비겁으로 재물에 대한 탐욕이 크고, 권력에 대한 집중력이 뛰어난 命.

이상 다섯 가지의 유형으로 사주명리를 통해 사람의 성격을 분류해 보았는데, 모든 사주가 모든 사람에게 천편일률적으로 적용되지는 않는다. 그리고 사주 주변에 어떤 글자가 있느냐에 따라 그 사람의 동작이나 행위가 달라진다. 인간은 인격이 고매한 것이 아니라 사주의 일주(본인)의 주변의 조건이 중요하다.

인간의 운명은 조건에 대한 반응으로 결국 그 사람의 행위와 동작을 제한한다고 보는 것이 맞다.

십신의 분포와 세력에 따른 사람의 성향

(1) 비견

자의와 독립을 의미하며 독립적인 성향의 인자로서 누군가 자기를 규정하거나 타인에게 지배받는 것을 싫어하고, 자신에 대한 타인의 의견을 무시하는 경향이 있다. 비견이 많을수록 부모와 형제의 도움을 필요로 하지 않기 때문에 부모와 형제간의 사이가 안 좋은 경우가 많다. 부모나 형제를 내 것을 가져가는 존재로 생각하기 때문이다. 비견이 많은 사람들은 주위의 관심과 칭찬에 민감하고 자신을 칭찬해 주는 사람을 아주 좋아해 약간 공주(왕자)병 증세도 강해서 직업상 연예인들 사주에 많다.

비견이 많으면 오만하고 방자한 경우가 많기 때문에 女命의 경우에는 강한 자기주장으로 남편이나 시집, 친정의 가족들을 가르치려 하거나 불화를 일으킬 가능성이 많다. 男命의 경우 독신으로 살아가거나 결혼을 하더라도 이혼하는 사람들이 많고, 아내와 의사소통에 어려움이 있고 아내가 육체적 정신적 질병에 노출되는 경우가 많다.

(2) 겁재

일반적인 생각과 질서를 뛰어넘어 남의 것도 내 것, 내 것도 내 것이라고 인식하는 인자. 힘이 세고 집념이 강해 한 나라를 제압할 수도 있는 힘인 동시에 자기 자신을 완전히 망가뜨릴 수도 있는 힘이다.

일반적인 뜻은 부정적이지만 그것이 능력으로 연결될 때는 남들이 가지지 못하는 대단한 에너지나 힘으로 연결된다. 그래서 대한민국의 많은 부자들의 사주에는 대부분 겁제가 있다. 반면 겁제는 정재를 克하기 때문에 재물이 붙어 있기가 쉽지 않다.

겁제는 가정적인 것과는 거리가 멀다. 겁제는 비견과 달리 공동적으로 사업을 하는 것은 불리하므로 직업 선택에 있어서 비교적 제한이 많다. 상관과 인접하면 수많은 직업을 전전할 우려가 있어 공인 자격증이 필요한 전문직을 선택하여 삶의 안정성을 확보하는 것이 필수적이다.

(3) 식신

자기표현의 인자로서 자기를 나타내는 창구 역할을 한다. 총명함, 탐구력, 개발하는 능력을 말한다. 식신은 좀 더 부드러운 감각적 능력을 상징해서 온화함과 명랑함이 있는데 즐거움을 추구하고 진지한 것을 싫어한다. 식신이 많을 경우 오지랖이 넓고 귀도 얇고 충동구매 등, 자기 뜻대로 하려는 자유분방함이 강하다.

인간관계에서 문제 해법에 있어서도 대체로 대화나 설득의 방법을 좋아한다. 이해의 폭이 넓고 융통성이 좋아 어떤 문제든 자연스러운 수단으로 해결하려는 경향이 있다. 그리고 낙천성과 동시에 의지박약 경향이 있을 수 있어 다이어트 성공을 기대하기 어렵고, 힘의 세기가 약해서 남의 업신여김이나 구설수의 대상이 되기 쉽다.

(4) 상관

기본적으로 식신의 성격을 가지고 있지만 정관으로 표상되는 권위에 대한 반발심이 있다. 염세적인 성향으로 세상을 엎어버리고 새로 만들려는 개척 정신으로 개인적인 행복을 누리기는 어렵고 사회를 위한 교육적인 행위, 역사를 위한 숭고한 행위를 한다. 그래서 사회단체에 소속되어서 일하는 사람들의 사주에 상관이 많은 사람들이 있다는 것이 확인된다.

상관이 많은 사람은 마음을 터놓고 신뢰할 사람을 만들기가 쉽지 않다. 융통성이 없고 실속과는 거리가 먼데 자신 스스로 주변 사람들을 등급을 매겨 구분하기 때문이다.

(5) 정재

정재는 일주가 克하여 다스릴 수 있으므로 통솔력과 개척정신이 있어 주변을 정복하려는 집념과 자신의 것으로 만들려는 의지가 강하다. 검소하고 때론 인색한 성향을 가지고 있고, 현실적인 생각으로 목표에 도달하려는 사람으로 지극히 이성적이고 상당히 보수적이다. 정재를 가진 사람은 은퇴 시의 삶을 위해 젊을 때 누릴 수 있는 즐거움을 포기할 줄 아는 것이 행복한 삶이라고 생각하기 때문에 가족이나 주변 사람들의 삶의 만족도와 행복감은 지극히 낮다. 또한 베풀거나 나누는 것에는 인색하다.

새로운 상황이나 환경, 사람에 대해 낯을 가리고 새로운 상황에 대한 적응력이 떨어진다. 그리고 소위 뒤끝이 있고 소견머리가 좁고 쪼잔하다. 적당한 넉살이나 남을 속일 수 있는 재능이 없기 때문에 본인의 생각이나 행동이 남에게 들키기 쉬운 큰일을 도모하기가 쉽지 않다.

(6) 편재

사업, 재산, 투기 수단, 재물에 관한 융통성을 크게 부리는 요소로서, 재물로는 대재(大財)에 해당한다. 한탕주의로 큰돈을 욕심내는 유흥성 인자로 볼 수 있다. 큰돈을 다룬다고 함은 겉은 화려하고 욕심이 강해서 조직 사회에서 인정받으려고 하기 보다는 이탈하려고 한다.

정재보다 편재의 매력과 유혹이 강해서 나에게 없는 재물을 취하고, 있는 것은 뺏기지 않으려고 온갖 지혜와 노력을 기울이는 것으로 두뇌가 출중한 편이다. 男命에 편재가 있는 사주는 전업주부 아내보다는 직장이나 봉사 등으로 활동적인 성격의 아내를 가졌다고 보면 된다.

편재를 가진 남자는 이성을 유혹하는 다양한 재능을 가지고 있고, 유머 감각과 대인 관계에 뛰어난 능력이 있어 여자에게 인기가 많다. 편재가 과다한 남자들은 여자를 좋아하고 특히 예쁜 여자를 밝힌다. 편재를 가진 여성은 꼭 이성에 대한 인기로 이어지지는 않지만, 틀에서 자유롭고 대인 관계가 깊지는 않지만 넓은 편이다.

그리고 투기심과 모험심이 있다. 부자는 천간에 재성이 지지에 뿌리를 두고 있고 식상이 생조하는가를 보면 된다.

(7) 정관

나를 억제하고 주관하여 결국 내 마음대로 못 움직이게 하는 인자이다. 남성에게는 벼슬, 조직, 자식이고 여성에게는 남편으로 정관은 정도를 걸으려는 특징을 갖고 있다. 명예와 질서를 중요하게 생각하기 때문에 건강과 보수적인 면이 두드러진다. 관성이 없거나 약하면 일정한 규칙이나 조직에 얽매지 않는 성격으로 규율이 엄한 단체나 조직 생활, 직장 생활에 적응하기 힘들다. 자신의 지위에 맞게 처신하고, 의리를 중시하며 주위 환경을 안정적으로 만들기 위해 충동적인 행동을 자제하면서 스스로를 피곤하게 만든다. 지나치면 지적받기도 전에 스스로 통제하므로 걱정만 많고 일을 시작하지 못한다. 정치적으로 보수에 속하고 선동에 쉽게 넘어가지 않는다.

정관이 많으면 편관이 되는데 편관의 성격, 즉 통제 성향은 자신을 향하는 것이 아니라 오히려 주위 사람들에게 향한다. 자긍심이 지나쳐서 자만심이 발로되는 경우라고 할 수 있다. 여성에게 관이 많을 경우 남자를 대상으로 하는 직업이 좋다. 선생님이라면 남학교, 사업가이면 남성 고객을 상대하는 쪽이 훨씬 효과적이고 능률적이다. 자신의 사주에 많은 관을 정상적인 방법으로 해소하는 것이기 때문에 강점 및 장점을 제대로 발휘하게 되는 것이다.

관이 너무 태왕하면 겁이 많고, 자유로운 활동이 억제되어 능동적이지 못하고 수동적이다. 비겁의 성격인 자유분방함을 관살이 억제하기 때문이다.

(8) 편관

편관은 본인이 장악하면 권력이 되고 장악을 당하면 피곤한 일, 실속 없는 일, 상처, 피로도 되고 또한 큰 무기도 된다. 그래서 부침과 파란이 많고 배짱이나 허세 등으로 요약할 수 있다. 정관이 낮의 권력이라면 편관은 밤의 권력이라 남, 여 모두 성적이 매력이 뛰어나고 남자의 경우 천간에 편관이 투출할 경우 정력이 강한 사람이 많다, 여성도 예쁜 것과 상관없이 성적 매력이 넘치는 경우가 많다. 봐 주는 사람이 없어도 수시로 거울을 보고, 꾸미고 나가다가도 거울을 한 번 더 보고, 옷도 한 번 더 살펴보는 동작을 많이 한다.

편관은 관의 통제 성향을 본인이 아닌 상대에게 향하게 하는데 지나친 자신감으로 주위를 피곤하게 만들 뿐 아니라, 과시욕으로 인해 권력 유지하는데 실수를 범하게 되는 경우가 많다. 또한 자신의 명예와 목적을 위해서라면 수단과 방법을 가리지 않고, 설령 불법적인 방법이라고 해도 그에 대한 양심의 가책을 전혀 느끼지 않는다.

그래서 돈을 좋아하는 것을 노골적으로 드러내고 편 가르기에 능숙하여 전선이 분명하다. 일주가 신왕하면 편관을 두려워하지 않으나 일주가 신약하면 편관이 칠살로 무서운 맹수처럼 작용한다. 식상이 제살하고, 인수로 살인상생이 동시에 이루어지면 귀함이 오래간다.

(9) 정인

덕망, 자애로움, 예의, 품위를 상징하며 주변 사람들이 자신의 존재를 고결하게 인정해 주지 않으면 못 견딘다. 그래서 인맥이 다양하지 않고 고독한 경우가 많다. 연로한 사람들 중에 정인이 많은 사람은 치매가 가장 잘 올 수 있는 형태라 유의해서 살펴볼 필요가 있다.

특히 여자 사주에 인수가 태왕하면 남편과 자식에게 고난이 많이 따른다. 옛 어른들은 인수태왕의 여성은 며느리로 들이기를 꺼려했다. 정인이 일간에 잘 수용되려면 일간이 약해서 정인 특성이 적용된다. 일간이 신강하거나 일간이 태약하면 정인의 특성이 제대로 발현되지 못한다,

(10) 편인

어떤 사안을 분석할 때 한 부분을 채택하여 전체를 파악하는 특성이다. 신속하고 빠른 판단력이 있고 남의 판단을 잘 믿지 못하는 성향을 갖고 있는데 확신이 생기면 전적으로 수용하여 일을 처리하는 경향이다. 그리고 호기심과 의지박약의 식상과는 정반대로 인내하는 힘이 강하여 특별한 목적의식이 있는 업무를 뛰어난 성적으로 수행해 낸다.

자신과 관련이 있고 이익이 있을 때는 치우친 생각, 집요함이 생겨 한번 꽂히면 끝까지 해낸다(연예인, 아이돌). 정반대로 연관성이 없고 이익에 관계없는 경우는 인내력 부족으로 변덕스럽고 비뚤어진 사고방식으로 일을 그르치는 경우가 많다.

그래서 어디에 소속되지 않고 프리랜서 형태의 일을 더 선호하는 경향이 있고, 행동과 사고방식이 남다른 독창적인 면이 많다. 또한 자기 자신에 대한 근거 없는 낙관과 자신감이 넘치는 반면 속으로는 마음의 파도의 일렁임이 심하다. 내면의 분열, 스트레스, 노이로제 등이 극심한 편이다. 그러나 옆에서 잘 도와주고 방향을 잡아주면 굉장히 창조적이고 혁신적인 힘으로 전환되어 일의 완성도가 높다. 그리고 끼가 넘치는 사람이라 관심의 대상도 자주 바뀐다.

남자 친구나 여자 친구가 자주 바뀌는 경우가 많다. 이는 모두를 사랑해서 그렇지만 주된 관심사가 바뀌었을 뿐이다.

—강현의 〈명리〉 중에서

이상으로 성격의 유형과 사주팔자에 나타나는 오행과 십신의 분포 및 강약을 잘 유추해 보면 대략적으로 한 사람의 성향과 특성을 간파할 수 있다. 물론 사주팔자에 나타나는 성향대로 진행되지 않을 수도 있고, 지속적으로 유지되지도 않고 운에 따라 왜곡되고, 변질되기 때문에 성향이 변하기도 한다. 하지만 사주명리를 통해 아주 기본적인 성향 파악을 하고, 그 사람이 추구 하는 삶의 의사 표시로 반영해서 그에 맞게끔 능력을 잘 발휘될 수 있도록 지도하고 관리해 주면, 큰 어려움 없이 자기의 뜻을 이룰 수 있는 확률이 크다.

부모가 자식의 성향을 제대로 파악하지 못해 자식을 망치거나 관계가 악화되는 사례는 비일비재하다. 예를 들어 자식의 사주에 재물을 나타내는 오행은 있지만, 돈을 버는데 필요한 식상의 오행은 없고, 비겁이 많은 사주일 경우에는 부모가 잘 이루고 가꾼 사업을 물려주려는 부모의 뜻과 달리 자식 대에 엄청난 실패로 재산을 탕진할 수 있다. 자식은 사업하느라 많은 시간을 낭비하게 되고 인생을 허무하게 실패한 경우 또한 많이 볼 수 있다.

또 한 예로, 비겁이 많고 식상이 드러나지 않는 경우는 본인의 강한 기운을 사용하려고 하기 때문에 한 자리에 앉아서 공부하기가 쉽지 않다. 모든 것을 자기는 다 알아서 한다고 생각하기 때문에 공부 문제로 늘 부모와 다투게 되고, 강한 성격, 무례한 태도로 인해 부모는 엄청난 회의감에 오히려 완력으로 자식을 통제하게 되는 경우가 있다. 이런 경우 부모 자식 간의 충돌과 싸움으로 돌이킬 수 없는 과오를 저질러 서로에게 큰 상처를 입히고 불행한 삶을 사는 경우도 주변에서 많이 볼 수 있다.

하지만 사주명리를 통해 기질과 성격을 파악할 수 있게 되고 그것을 바탕으로 관계를 맺게 된다면 이해의 폭이 넓어지고 나아가 관계에 필요한 지혜를 얻을 수 있다. 그렇게 된다면 서로에게 상처를 입히는 소모적인 관계를 미래 지향적인 관계로 발전시킬 수 있을 것이다.

사주명리로 알 수 있는 직업의 형태의 비밀

　사주명리로 그 사람의 구체적인 직업이 무엇인지, 어떤 직업을 선택해야 성공할 수 있는지를 정확하게 예측하기는 결코 쉽지 않다. 그 부분은 웬만한 공부와 내공으로도 쉽게 접근하기 어렵기 때문에 여기에서는 단순히 직장이나 조직에서 일하는 직장 命인지, 아니면 장사나 사업을 해서 돈을 버는 사업 命인지에 대해서만 설명하고자 한다.

　실제로 구체적인 사례를 가지고 집중적인 설명을 덧붙였다. 이런 사례에서 얻은 지식과 경험을 바탕으로 많은 사주를 연구해 나간다면 그 사람의 직업이나, 무슨 일을 하는 사람인지를 판단할 수 있는 해석 능력을 갖게 된다.

✻ 직장, 조직에 봉사하는 직장 命

　사주를 놓고 그 사람이 무슨 일을 하는지 분석하다 보면 대략적으로 몇 가지 유형과 패턴이 있다는 것을 알 수 있다. 특히 직장, 조직에 속해 있는 직장 命에는 대략 다음과 같은 유형과 패턴이 있다.

─────────── 직장 命의 유형과 패턴 ───────────

1. 관과 인성이 권리가 된다 (관 = 직무, 인성 = 권력).

2. 상관결 八字는 실질적인 권한을 갖는다.
   - 금수상관
   - 목화상관
   - 수목상관
   - 토금상관
   - 화토상관

3. 제용 주공.
   - 식상으로 관살 제압 (관살로 식상 제압).
   - 식상으로 인성을 제압.
   - 인성으로 식상을 제압.

4. 양인 합살.
   - 양인으로 칠살과 관을 제압
   - 칠살, 관으로 양인을 제압

5. 재로 인성을 제압 (재인득권).

6. 포국(인성, 포국).

7. 대상이 주위와 관련이 있는 경우.

8. 年, 月에 재가 있는 命(회사원 命).

9. 식신으로 관을 완전 제압할 경우 공직자 命.
   (완전 제압의 의미: 관과 관의 원신인 재를 제압할 경우,
   완전 제압이 안 될 경우:의사, 약사, 변호사)

이처럼 대략적으로 9가지 유형으로 대표될 수 있는데, 팔자에 따라서 어느 하나만 있는 것이 아니고 포국, 제용 주공, 상관결, 양인합살이 섞여 있는 경우가 많다. 구체적으로 직장을 다니는 八字를 가지고 위의 내용과 연관하여 구체적인 설명을 해 보겠다.

▶ 사례 연구

사례 1.

坤 | 戊 乙 甲 戊 | 56 46 36 26 16 06
    | 寅 卯 子 辰 | 戊 己 庚 辛 壬 癸
    | | 午 未 申 酉 戌 亥

대학 4年 동안 전교 수석한 命

· 고시를 번번히 낙방한 命(대운이 좋지 않다).
· 己未/戊午 대운 : 늦게 운이 좋아져 뜻을 이룰 것으로 예상.

〈사주 의사〉

① 生木, 목화상관배인. 卯木을 가지고 年에 있는 재(인성고)를 제압하여 큰 권력을 가지고 싶어하는 命.

② 그런데 子卯破로 그런 뜻을 번번히 실패함(사주의 병).

③ 壬戌대운 : 子水가 壬水로 허투(병 제거). 卯戌合 辰戌沖으로 공부를 잘함.

④ 辛酉/庚申 대운 : 卯酉沖, 卯申合으로 주공이 잘 안 되고 사주의 병이 극대화 되어 뜻을 이루기 쉽지 않다.

⑤ 己未/戊午 대운 : 子未穿(재로 인성을 제압), 子午沖(식신으로 인성을 제압). 사주의 병을 제거함과 동시에 뜻을 이룰 것으로 보인다.

사례 2.

乾　　辛 壬 丁 甲　　63 53 43 33 23 13 93
　　　丑 午 丑 辰　　癸 壬 庚 辛 庚 己 戊
　　　　　　　　　　未 午 辰 巳 辰 卯 寅

은행에 근무하다 권력 있는 부서로 옮겨 근무한 命

〈사주 의사〉

① 甲木 식신으로 丑土가 입묘한 辰土(칠살, 인성고)를 제압, 주공(칠살을 제압하여 권력 기관).

② 甲木이 丁火를 生하여 月의 재를 받는 命으로 회사원 命.

③ 月, 丁丑(재+관)대상을 丁壬合으로 나와 관련 있는 命.

④ 일지와 연지가 역마로 직장을 자주 옮기고, 출장이 잦은 직업을 가짐.

사례 3.

乾　壬乙戊庚
　　午亥寅申

31 21 11 01
壬辛庚己
午巳辰卯

현대자동차 본사 근무 命

〈사주 의사〉

① 목화상관배인.

② 인성 포국.

③ 申金이 寅을 제압(月에 겁제를 제압해 주공이 크다).

④ 壬午 자합, 午亥合 인성으로 상관을 제압하여 공직자 命인데 午火의 원신 寅木이 있어 완전 제압이 안 되어서 거의 공직자 命에 가까운 대기업 직원 命.

사례 4.

乾　己壬丙辛
　　酉寅申丑

60 50 40 30 20 10
庚辛壬癸甲乙
寅卯辰巳午未

서울법대 출신, 甲午 대운 乙丑年 사시 합격. 辛卯 대운 甲午年 변호사 활동 중

〈사주 의사〉

① 양으로 음을 잡는 주공(검사, 검찰).

② 포국, 寅申沖, 寅丑合, 丙辛合.

③ 己酉, 辛丑으로 포국이고 죄인으로 둘러싸인 命.

④ 甲午 대운 乙丑年 : 사시 합격, 寅丑合으로 丑을 완전 제압하지 못했는데 丑午穿으로 완전 제압.

⑤ 辛卯 대운 甲午年 : 변호사 활동 중. 甲己合(실식신이 관과 합해서 안 좋고), 卯申合 (반국이 되어 안 좋다, 沖 주공인데 合 주공 되었다).

사례 5.

```
         甲 乙 己 乙    64 54 44 34 24 14 04
乾                     壬 癸 甲 乙 丙 丁 戊
         申 卯 卯 丑    申 酉 戌 亥 子 丑 寅
```

애널리스트, 고대 졸업, 공부 잘하고 무척 똑똑함, 주식투자 命

〈사주 의사〉

① 死木, 포국. 卯申合으로 금융의 상.

② 卯木, 乙木이 丑土를 극제, 己土는 乙木, 卯木으로 포국(재포국).

③ 甲己合 제압하는 주공(겁재가 재를 제압, 주식투자 命).

사례 6.

坤 | 戊 甲 乙 戊 |　59 49 39 29 19 09
　　| 辰 午 卯 午 |　己 庚 辛 壬 癸 甲
　　　　　　　　　　酉 戌 亥 子 丑 寅

성질이 까칠하고 따지기 좋아하는 간호사 命

〈사주 의사〉

① 戊辰 : 일터, 辰(인성고), 卯辰穿으로 직장 命.

② 戌 대운 : 卯戌合, 辰戌沖 제일 좋았다.

③ 酉 대운 : 卯酉沖, 午酉破로 몸에 이상이 온다.

사례 7.

乾 | 辛 甲 癸 己 |　62 52 42 32 22 12 02
　　| 未 申 酉 未 |　丙 丁 戊 己 庚 辛 壬
　　　　　　　　　　寅 卯 辰 巳 午 未 申

사목, 甲己合 (年에 재를 합해서 회사원 命)

〈사주 의사〉

① 흉신 포국, 辛未 귀보로 본인이 질병이 있거나, 자녀가 문제가 될 수 있다. 癸水가 사주의 흉신.

② 庚午, 己巳, 戊辰 대운.

· 午대운 : 己가 응기, 癸水 제거 좋다.

· 己대운 : 癸水 제거 좋다.

· 戊대운 : 戊癸合 제거 좋다.

· 辰대운 : 金이 커져 안 좋고, 未土가 辰으로 입묘, 포국이 없어져 안좋다.

사례 8.

乾 | 丁 辛 庚 己 | 60 50 40 30 20 10
     | 酉 巳 午 亥 | 甲 乙 丙 丁 戊 己
                      子 丑 寅 卯 辰 巳

도로공사 차장 命

〈사주 의사〉

① 금수상관 희견관, 관살로 식신을 제압하는 주공(관이 식상 제압 하거나 식상이 관을 제압하든지 다 좋다. 세력 보고 판다).

② 庚金이 亥水의 원신으로 亥水가 완전 제압이 안 된다. (완전 제압이 되면 국가 공무원 안 되면 준 공무원).

③ 寅卯 대운은 火가 왕성해져 주공이 잘 되어 잘 나간다.

④ 乙丑 대운: 巳酉丑三合, 丑午穿으로 반국되어 퇴직 가능.

사례 9.

乾　| 庚 乙 己 庚 |　81 71 61 51 41 31 21 11 01
　　| 辰 丑 丑 子 |　戊 丁 丙 乙 甲 癸 壬 辛 庚
　　　　　　　　　　　戌 酉 申 未 午 巳 辰 卯 寅

현재 未 대운 戊戌年, 33年 초등학교 교사 命

〈사주 의사〉

① 生木, 목화상관배인이 안되는데 대운에서 상관운이 와서 좋다.

② 포국 주공, 묘용 주공(子丑合으로 辰으로 입묘). 辰 대운 교사 시작.

③ 지지가 천간의 뜻을 거스리지 않고 저항하지 않아서 좋다.

④ 未 대운 戊戌年 : 丑戌刑, 子未穿으로 지지가 저항하지 않다가

　　　　　　　　　저항해서 좋지 않다.

　　　　　　　　　　　庚子 : 딸인데 子未穿으로 딸들이 좋지 않다.

✱ 장사, 사업을 해서 돈을 버는 命

재물과 관련된 십신은 식상과 재성으로, 두 십신의 균형을 잡고 식신 생조가 되는 命은 재물을 쉽게 얻을 수 있다. 식상과 재성의 역할을 다른 십신과의 작용을 통해 좀 더 구체적으로 재물운에 대해 알아보면 다음과 같다.

(1) 식상과 재성의 역할과 다른 십신의 작용

- 식신이 힘이 있으면 돈을 모을 수 있는 확률과 넉넉한 환경에서 태어나 의식주에 어려움이 없이 성장할 가능성이 높다.

- 식신이 약한 상태에서 편인과 같이 있거나 이웃하면 식신의 안정성이 크게 훼손된다.

- 식신이 자신의 노력보다는 물려받는 재물이라면, 상관은 혼자 힘으로 자신의 재능을 발휘해 일군 재물이 된다.

- 신약한 命에서 정관이 왕성하면 일주의 힘(일간, 비견)을 약화시켜 재물을 취득하는데 어려움이 있는데, 상관이 정관의 힘을 제압하여 순조로운 환경을 만들 수 있다.

- 재물 운을 볼 때 식신 생재를 보고, 비겁과의 관계를 보아야 한다. 비겁의 상태에 따라 재성의 기운이 결정된다(강력한 겁

재는 정재를 극해 어렵게 재물을 얻게 되고, 그나마 엉뚱한 곳에 지출된다).

· 비견과 편재와 균형이 깨질 경우에 재물이 마르게 되고, 편협한 사람으로 평가받기 쉽다.

· 비겁이 너무 왕할 때는 식상으로 유통시켜 편재와의 균형으로 해결할 수 있고 적절한 편관으로 비견을 제지함으로써 편재를 살아나게 해주면 된다. 물론 편재는 식신에 의해 생재되어야 하는 것은 당연하다.

(2) 사주 속에 체현되어 있는 재물의 형태

· 재 포국, 인성 포국, 혹은 식상 포국
· 유전 (유통 구조)
· 관살을 큰 재부로 본다.
— 관살 제압을 다 하지 못할 경우 큰 재로 본다.
— 양 일주(양 일간)의 칠살을 큰 재부로 본다(일주가 강해야 한다).
— 지지의 관을 생하거나 제압하는 경우는 좋고, 설기하는 것은 좋지 않다.

예) 戊 일주에 甲寅, 庚 일주 丙戌, 丙 일주 壬辰일 경우

| 甲 戊 | 丙 庚 | 壬 丙 |
| 寅 ○ | 戌 ○ | 辰 ○ |

· 식상을 재부로 보는 경우
- 팔자에 재가 없을 때 식상을 재로 본다.
- 팔자에 재가 있을 때 식상이 재를 생하고, 식상이 재의 원천일 때 식상은 투자의 재.

(3) 사례 연구를 통해 본 돈 버는 命

사례1.

乾　戊 丙 壬 己　　51 41 31 21 11 01
　　戌 辰 申 酉　　丙 丁 戊 己 庚 辛
　　　　　　　　　寅 卯 辰 巳 午 未

신발과 모자를 만드는 기업인으로 대발한 命

〈사주 의사〉

① 辰이 申, 酉를 生(식신 생재 : 제조업).
② 식신 -〉 재 -〉관으로 전화, 壬水=관통재 (戊土로 壬水를 쳐내면 큰돈을 번다).
③ 巳, 卯, 寅 대운 : 戌이 커져 辰戌沖 주공이 잘 되어 좋다. 巳申合, 巳酉合, 재를 유통시켜 큰돈을 벌었다.
④ 戊辰/己卯年, 庚辰年 : 큰 화재로 재산을 날렸다(辰戌沖이 주공이 안되고 반국의 상).

사례 2.

| 坤 | 庚 丙 辛 丙
寅 寅 丑 辰 | 乾 | 辛 甲 癸 癸
未 寅 亥 丑 |

부부가 16년 동안 24시간 하는 가게를 함께 운영

〈사주 의사〉

① 부부 사주에 공히 문호(재+인성)로 가게를 운영하는 命(庚寅, 癸丑).

② 女命은 丙辛합, 寅丑합으로 재를 합해 오는 구조. 양쪽 세력이 비슷해 밥 먹고 사는 정도. 男命은 丑未沖인데 거리가 멀다(未 대운은 좋다).

사례 3.

| 乾 | 乙 丁 丁 辛
巳 巳 酉 亥 | 57 47 37 27 17 07
辛 壬 癸 甲 乙 丙
卯 辰 巳 午 未 申 |

치킨과 호프집으로 대발한 命

〈사주 의사〉

① 巳亥沖(자신의 몸으로 재를 유통).

② 甲午 대운 己卯年 : 개업(식신+인성=투자의 상). 庚辰年, 辛巳年 대박(亥水가 응기).

③ 원국에 亥水는 辛金, 酉金이 生해 관통재, 亥水를 유통하면 큰돈을 번다.

④ 甲 대운은 亥水가 甲木으로 허투되어 유통으로 대발.

⑤ 午 대운은 巳亥沖 주공인데 午亥合으로 반국으로 파재 (沖 주공인데 合으로).

사례 4.

乾　辛甲丁乙　　61 51 41 31 21 11 01
　　未辰亥卯　　庚辛壬癸甲乙丙
　　　　　　　　辰巳午未申酉戌

군복 염색 사업으로 발재한 命

〈사주 의사〉

① 亥水가 卯木을 生해 卯辰穿 주공(유통).

② 포국 주공 甲木이 丁火=의류, 옷을 생해, 의류 관련 일을 하고

　丁亥 자합으로 염색의 상.

③ 壬午 대운 : 亥卯未삼합, 卯辰穿 주공, 午未合, 午卯破로 유통 주공.

사례 5.

坤　丙丁癸丁　　48 38 28 18 08
　　午亥卯酉　　戊丁丙乙甲
　　　　　　　　申未午巳辰

실내 장식 사업을 하는 命

〈사주 의사〉

① 癸水가 제압이 안 되어 재로 보아. 卯도 재. 午卯破가 있어 癸水가

丁火를 克. 직장 命은 어렵다.

② 午亥合, 丁癸冲, 卯酉冲으로 유통시키는 命.

③ 乙巳 대운 : 乙木이 허투(유통)좋고 巳酉合, 巳亥冲으로 유통으로 돈을 번다.

④ 丁未 대운 : 커진 卯가 응기. 卯酉冲 발재.

⑤ 戊申 대운 : 卯酉冲 주공이 깨져 안 좋다.

사례 6

```
乾   乙 戊 庚 丁    甲乙丙丁戊己
     卯 寅 戌 酉    辰巳午未申酉
```

자수성가하여 큰 재물을 모은 命

⟨사주 의사⟩

① 乙庚合, 酉戌穿, 卯酉冲(유통구조, 酉金=고객).

② 丁未 대운 : 丁火가 庚金을 克, 乙卯寅 입묘하는데 고객 운이 오지 않아서 좋지 않다.

③ 丙午 대운 : 午酉破로 크게 대발(寅木에서 午火 전화).

④ 乙巳 대운 : 乙卯가 乙木으로 허투(유통)되어 좋다. 巳酉合(酉金이 火로 변성)으로 많은 것이 더 많아져 안 좋다.

⑤ 甲辰 대운 : 甲庚冲, 큰 발재(寅木이 응기). 辰酉合으로 酉金이 커져 고객이 많아져 좋다.

사례 7

乾　癸丁丙辛　　57 47 37 27 17 07
　　卯丑申酉　　庚辛壬癸甲乙
　　　　　　　　寅卯辰巳午未

직장 命이었다가(파출소 소장), 사업 命으로 바뀌는 命

〈사주 의사〉

① 丙辛合(양으로 음 제압 : 경찰 명), 申, 酉가 丑으로 입묘(직장 命).

② 卯申合, 丑중에 癸水가 허투되어 사업 命이 된다(주공이 바뀌어서 직업이 바뀐다).

③ 癸巳 대운 : 巳 대운, 경찰.

④ 壬辰 대운 : 丙壬冲으로 丙辛合 주공을 깬다(갈등이 많이 생긴다).
　　　　　　　　卯辰穿으로 유통 구조로 돈 벌러 간다(卯酉冲, 卯申合).

⑤ 辛卯/庚寅 대운 : 申, 酉가 허투(유통). 대발 예정.

사례 8

乾　丙辛癸丙　　69 58 48 38 28
　　申巳巳申　　庚己戊丁丙
　　　　　　　　子亥戌酉申

세무 공무원으로 일하다가 세무사로 개업해서 발재한 命

⟨사주 의사⟩

① 연체 丙辛申, 丙申으로 관과 식신을 포국(丙申/丁酉 대운에 관을 완전 제압하여 공무원).

② 戌 대운 : 巳火(2개) 입묘 유통 대발, 申 中 壬水(숫자), 巳申合. 癸巳 자합 주공으로 세무사를 하게 된다.

사례 9.

乾 戊 乙 丙 戊
    寅 丑 辰 戌

76 66 56 46 36 26
甲 癸 壬 辛 庚 己
子 亥 戌 酉 申 未

모텔 사업가로 100억대의 자산가

⟨사주 의사⟩

① 포국 주공, 生木, 목화상관배인 命.

② 寅戌, 木土 조합으로 부동산 상, 戊戌 : 건물의 상.

③ 丑, 辰 재를 辰戌沖으로 유통 구조.

④ 庚申/辛酉 대운 : 丑이 응기, 포국 주공으로 발재. 辰戌沖 주공이 잘된다.

사례 10

乾 | 癸 甲 戊 庚
    酉 子 子 戌 | 59 49 39 29
    甲 癸 壬 辛
    午 巳 辰 卯

인성이 왕한데 재가 허투하면 거재를 발하는 命

〈사주 의사〉

① 戊子 자합(재인 방대).

② 壬辰 대운 : 壬水는 子水로 戊子 자합 발재.

　辰 대운 : 子水가 辰으로 입묘, 辰戌沖으로 반국 (재로 인성을
　　　　　　제압하는 주공인데 인성이 재를 제압).

③ 癸巳 대운 : 戊子의 도상, 戊=丙으로 지지가 내려와 안 좋다.

④ 甲午 대운 : 甲이 戊土를 克해서 안 좋고, 午戌로 酉戌穿 주공이
　　　　　　되어 좋다.

사주명리로 알 수 있는 가족관계의 비밀

✱ 사주에 나타나는 배우자, 부모, 자식의 성과 궁

(1) 배우자, 자식, 부모의 궁의 위치

時	日	月	年
		부친 궁	
자식 궁	배우자 궁	모친 궁	

※일지에 있는 배우자 궁은 본궁이라고 하고 별도의 위치에 있는(年, 月, 時) 궁을 별궁이라고 한다.

(2) 배우자, 부모, 자식 성의 개념

① 배우자 성의 개념
- 男命일 경우의 배우자 성은 주로 식상, 재로 나타나고, 女命일 경우의 배우자성은 주로 관성, 재로 나타난다.
- 혼인 관계는 반드시 배우자 궁과 배우자 성이 生, 六合, 三合, 拱合으로 관련이 있어야 한다.
- 배우자 궁과 배우자 성이 沖할 시는 짧은 관련성(이혼).
- 배우자 궁과 배우자 성이 穿, 刑, 破가 발생 시 모든 혼인에 문제가 발생할 수 있다.

- 배우자 성과 배우자 궁이 관련성이 없으면 도화, 관련성이 있으면 혼인으로 본다.

② 부모 성의 개념
- 부친 성은 男命, 女命에 정, 편재 혹은 관살 재관이 없으면 대운을 본다.
- 모친 성은 男命, 女命에 관계없이 인성, 녹, 식상을 모친으로 보면 되고, 없을 경우 비겁을 모친으로 볼 수 있다. 丙寅처럼 인성이 비겁이나 녹을 머금고 있으면 모친으로 본다.
- 부모 성을 볼 때 궁을 위주로 보고, 성은 보조로 본다.
- 궁위가 부서졌는지 아닌지를 먼저 본 후, 부모 성과 부모 궁과의 관계를 보아야 한다.

③ 자식 성의 개념
- 男命일 경우 관살을 자식 성으로 보고, 없을 때는 재로 본다(정관 : 딸, 칠살 : 아들). 관살이 재를 차고 있으면 아들, 재가 없을 경우 딸. 자식성이 바뀌는 경우는, 첫째는 자식성이 穿 당했을 때, 둘째는 자식 성이 공망일 때, 셋째는 자식 성이 허투일 때, 넷째는 묘고에 있을 때, 다섯째는 자식 성이 刑 당했을 때이다. 관살과 재성이 동시에 보일 때는 관살이 아들이고 재성은 딸이다.
- 관성이 드문 경우 관성이 아들, 식상이 딸 그리고 관성이 무력하고 식상 중심일 때 식신이 아들, 상관이 딸이 된다.

- 女命일 경우에는 식신이 딸이며 상관이 아들이다. 식신과 상관이 없을 시에는 재성이 자식 성이다(정재는 딸이고 편재는 아들이다). 자식성이 바뀌는 경우는 男命의 경우와 같다.
- 인성에 의한 간섭이 많을 때, 인성이 딸 식상이 아들이 된다.
- 사주에 자식의 순서를 보는 방법은 男命은 年으로부터 時로 가는 순서로 보고, 女命은 時로부터 年으로 배열하는 순서로 본다.
- 자식 성과 자식 궁과 관련이 있어야 함.

✱ 사주에 나타나는 배우자, 부모, 자식의 모습

(1) 자매 사주에서 나타나는 부모의 모습

坤
辛	己	辛	乙
未	未	巳	亥

- 모친 巳火, 부친 亥水, 巳亥沖으로 부모가 이혼.
- 이 사주는 남편하고도 아버지하고도 인연이 없는 사주이다.

坤
丙	丙	壬	丁
申	戌	子	丑

- 戌=모친, 壬子丑=부친, 丑戌刑으로 부모가 이혼.
- 아버지와 떨어져 엄마와 같이 산다.

(2) 모자 사주에서 나타는 남편과 부친의 사망 시기

```
       辛 辛 甲 癸    17 07
乾     卯 丑 寅 卯    壬 癸
                     子 丑
```

· 아들 6세, 戊申年 부친 사망
· 甲寅=친부, 戊申年에 戊癸合(부친 원신 제거). 寅申沖으로 부친 사망.

```
       癸 甲 己 甲    35 25 15
坤     酉 午 巳 戌    乙 丙 丁
                     丑 寅 卯
```

· 乙丑 대운 戊申年 : 己巳=남편, 35세에 남편과 사별. 乙木이 己土를 克, 丑午穿으로 궁괴, 巳火가 戊土로 허투,
· 巳酉丑三合으로 巳火가 金으로 변하고 丑戌刑으로 巳火가 입묘.

(3) 본인 사주에 나타나는 부친과 남편과 딸의 모습

· 물이 많은 사주라 흘러가야 좋은데 乙木, 亥 중 甲木이 있어 설용 구조. 乙辛沖이 사주의 병.
· 己土=부친, 남편, 亥 중 甲木=딸(乙亥).
· 사주를 볼 때 물이 많은 설용 구조라, 亥 중 甲木(딸)은 팔자에 중요한 글자라 딸이 시집가고 난 후 1년 만에 뇌출혈 사고.

- 사주에 乙木이 己土를 克하고 있어, 乙木으로 아버지가 잘 안되다가 딸이 시집을 가고난 후 아버지가 돈을 많이 벌게 됨(己土인 부친 입장에서 볼 때 돈과 여자가 많은 命).

(4) 기구한 女命의 사주에서 본 남편, 자식의 모습

坤　壬癸辛辛　　57 47 37 27 17 07
　　戌丑丑丑　　丁丙乙甲癸壬
　　　　　　　　未午巳辰卯寅

- 남편=丑, 丑戌刑으로 궁을 괴하며 혼인이 좋지 않다(비견쟁부에 인성이 왕해서 정식 부인이 되기 힘든 命). 戌=돈, 남자, 자식 궁(자식궁이 괴되어 자식이 안좋다). 큰 아들 사망, 작은 아들 이혼.
- 乙巳 대운 丁亥年 : 丑戌刑으로 이혼.
- 丙午 대운 己丑年 : 丑戌刑으로 큰 아들 사망.

乾　壬癸丁丁　　49 39 29 19 09
　　戌未未卯　　壬癸甲乙丙
　　　　　　　　寅卯辰巳午

- 윗 命의 작은 아들 命.
- 배우자 궁이 많아 혼인이 많은 사주(丁卯=1처, 丁未=2처, 戌 중 丁火=3처).
- 巳 대운 癸巳年 : 첫딸(巳=戌) 출산.
- 모친=卯木, 부친=丁未
- 乙巳/丁亥年 : 이혼, 乙木은 卯, 未(궁, 성)도망. 丁亥 자합으로 부친이 다른 여자와 암합. 卯未合, 卯戌合으로 모친 2번 혼인.

사주명리로 알아보는 남녀 사랑과 결혼의 비밀

한 인간이 살아가면서 가장 기본적인 관계인 부모, 형제는 선택의 여지가 없다. 하지만 배우자를 선택하는 것은 자신이고 인생에 가장 중요한 선택이기 때문에 신중해야 한다는 것은 말할 필요도 없다. 그런데 남녀 간의 문제는 단순히 이성적인 판단과 숙고에 숙고를 거듭한다고 해서 선명하게 정리되지는 않는다.

남녀 관계는 감성의 문제가 먼저 우선되기 때문이고 그 감성이 오래도록 유지하고 발전하기가 쉽지 않은지라 시간이 감에 따라 변질되고 왜곡되어 두 사람의 관계가 혼돈에 빠지게 되면서 이별을 결심하고 이혼으로 결론 맺으면서 두 사람 모두에게 깊은 상처를 남기게 된다.

이런 시행착오를 거치지 않고 상대방이 과연 나에게 최상의 배우자인지 아닌지를 판단하는 방법은 현재로서는 사주명리밖에 없다. 물론 과거와는 달리 충분한 교제 기간을 통해 충분히 서로에 대해서 알게 되고 여러 가지를 상황을 고려해서 선택을 한다면 실패 확률은 줄어들게 되지만 그 선택이 과연 두 사람에게 모두에게 좋은 선택인지는 여전히 불투명하다.

인간의 존재는 좋을 때는 상대의 단점까지도 사랑을 할 수 있지만 시간이 흘러가면서 관계가 틀어지게 되면서 선택을 후회하는 사례가 수도 없이 많이 볼 수 있다. 그래서 남녀 간의 사랑과 결혼의 선택에 있어 사주명리를 어떻게 적용하고 참고할 것인지에 대한 내용을 실례를 들어 납득할 수 있는 설명을 덧붙여 보고자 한다.

✱ 사주명리로 알아보는 애정의 비밀

　남녀 애정의 기운 중에 중요한 오행은 火, 水의 기운이다. 여성에게는 火 기운의 작용은 이성과 부단히 새로운 관계를 형성해 주고, 그 관계 속에서 이성과의 교류에 공감 및 연대감을 형성하게 해 준다. 火의 기운이 부족한 여성은 관계 개선을 위해 적극적이기 쉽지 않아 본의와 달리 데면데면한 경우가 많다. 그에 반해 남자에게는 水의 기운이 있어야 여자와의 관계가 활성화하기 쉽다.
　남녀 애정 관계를 열고 유지하기 위해서는 또한 사주팔자에 재성과 관성이 드러나야 한다. 재성은 관계를 생성하는 힘이고, 관성은 관계를 지속적으로 유지하는 힘이 된다. 재성은 많은데 관성이 하나도 없다면 사람들과의 관계는 다양하고 좋지만 오래 유지하기가 쉽지 않다. 재성은 없고 관성만 많다면 서로 호감을 얻기가 쉽지 않아서 시간만 끌다가 관계가 끝나기 쉽다. 그런데 사주에 재성과 관성이 활성화되기 쉽지 않아 서로 좋은 관계를 형성할 수 있는 사람을 만나기가 쉽지 않다.
　남녀 사주에서 넘치는 기운을 빼주고, 부족한 기운을 보완해 줄 경우 좋은 인연이 될 수 있다. 상대가 水 기운이 강할 경우 본인이 木 기운이 많아 상대 기운을 설기해 주고, 본인이 火 기운이 없을 경우 상대가 火 기운을 보완해 주는 경우에 해당한다.
　신강한 사주를 갖고 있는 경우는 2가지 경우인데 첫째, 비겁으로 인해 신강할 경우 너무 저돌적이고 상대방의 반응에 관계없이 밀어붙이는 경향이 있고, 헤어질 때마저도 자신이 그 상황을 통제하고 싶어 하고 본인 스스로는 헤어지는 이유를 도저히 납득하지 못해 깔끔하게 끝내지 못하는 경우가 많다. 세상 모든 질서를 본인 위주로 해석하기 때문에 연애에 문제가 많다. 둘째, 인성으로 인한 신강 사주는 치밀하게 요모조모 따져서 연애를 하지만 금방 싫증내는 경향이 많다.

대체적으로 신약하고, 재성이 강한 사람이 연애를 잘한다. 재성이 강하면 관계에 대한 욕구가 강하므로, 이런 욕구를 통해 자신의 정체성을 확인하고 싶어 하기 때문이다. 그리고 女命일 경우 원국에서 혹은 대운에서 재가 깨질 경우 대부분 남자에게 관심이 없다. 그리고 남녀 모두 관살이 혼잡할 경우는 자기 기준과 원칙에 혼란이 와서 인간관계는 넓어질지는 몰라도 효율성이 떨어져 남녀관계에는 그다지 발전적이지 못하다.

✱ 사주명리로 알아보는 결혼의 비밀

남녀 관계에서 연애와 결혼을 염두에 두고 보면 재성과 관성의 활성화가 중요하지만, 그에 못지않게 중요한 것이 인성이다. 인성은 재성을 제어하고 관성을 설기하여 일종의 완충제 역할을 한다. 인성 고유의 성향은 결정이 늦고 행동이 느려 답답한 면이 있지만 인내심과 더불어 물러서서 생각할 줄 아는 정신적 통찰력을 의미한다. 그래서 연애와 부부관계에서 중요한 역할을 담당하게 된다. 남녀 모두에게 인성이 약하거나 없는 경우는 이별이나 이혼의 위기에 자주 노출된다.

그리고 식상이나 재성은 남녀 모두가 서로 좋아하면 결혼해서 같이 살지만, 관성은 좋은 것과 같이 사는 것은 다른 문제라 생각한다. 관성은 자신을 克하는 기운이라 막상 결혼 후 그 결혼이 본인의 뜻대로 안되더라도 결혼을 유지하려고 하고, 본인의 판단이 잘못된 것이라 해도 고쳐서라도 유지하려는 자신의 원칙을 가지고 있다. 이처럼 관성은 하고 싶지 않은 일도 하게 만드는 힘이다.

(1) 年, 月의 육친의 분포에 따른 결혼의 비밀 1

비겁이 과다하면 男命은 재성을 파극하고 女命은 관성의 힘을 약화시킨다. 이런 사주의 경우 이혼율이 높고, 독립적인 성향이 강해서 많은 시간을 함께 하는 것이 쉽지 않아서 혼인이 늦어지는 경우가 많고 독신자가 많으며 초혼에 실패할 확률이 높다.

식상이 많으면 이성에 관심이 많아 연애의 기회가 많아 결혼으로 이어지기 쉽다. 하지만 중매 결혼을 할 확률은 거의 없다. 재성이 있으면 결혼을 가장 쉽게 한다.

관성이 중심으로 분포하면 男命은 이성에 관심이 없다하더라도 사회적 규칙을 지키기 위해 결혼을 한다. 관은 재의 식상이 되고 자식이 되어서 자식 인연을 여는 힘으로 인해 연애 기회가 발생. 그럴 경우 상대방이 주도한다. 그리고 중매결혼이 많다. 女命의 경우 식상이 적당히 있어야 혼인 가능하고, 관성만강하고 식상이 없으면 이성관계만 복잡하고, 결혼으로 이어지기 쉽지 않다.

인성이 많으면 男命의 경우 인성은 재와 반대편이고 식상을 억제하여 미숙 상태가 유지되어 성혼이 지연된다. **女命**의 경우 인성이라는 것이 관의 식상이 되어 남자가 적극적으로 구애를 하는데도 불구하고 관성이 세력이 없으면 남자가 제 역할을 제대로 못해서 성혼이 되기 쉽지 않다.

그리고 인성이 강하면서 식상이 없는 경우 상대방이 적극적으로 하더라도 자기가 응하는 표현, 자식의 생산에 뜻이 없어 결혼에 대한 뜻을 많이 저버린다(식상이 없으면 남편 덕이나, 남편 덕을 입다가도 단절된 세월이 있다고 보면 된다).

(2) 육친의 분포에 따른 결혼의 비밀 2

· 비겁이 과다하거나 왕성할 경우

가. **男命**은 독신으로 살거나, 결혼을 하더라도 늦게 하는 편이 유리하다. 비겁은 재성을 **克**하므로 아내와 의사소통에 어려움이 있고, 아내가 육체적 정신적 질병에 노출되는 경우가 많다.

나. **女命**은 자신의 주장이 강하기 때문에 가족 구성원을 가르치려 하는 경향이 심해 불화를 일으킬 가능성이 높다.

· 식상이 과다하거나 왕성할 경우

가. **男命**은 재성과 인성의 균형이 깨져 아내와 시어머니 사이에 갈등이 생길 수 있고, 우유 부단한 성격으로 갈등을 증폭시킬 수 있다.

나. 女命은 식상이 과다하면 관성을 克하므로 남편과 윗사람들과 조화롭게 지내기가 힘들기 때문에 그런 시간을 줄이고, 그 시간을 자식을 키우는데 사용하면 좋다.

· 재성이 과다하거나 왕성할 경우

가. 男命은 아내에 대한 큰 기대로 상대에 대한 불만, 집착, 의처증, 외도 등 극단적인 경우가 발생한다.

나. 女命은 인성을 克하므로 시어머니와의 갈등이 필연적이라 남편(관의 통관)의 역할이 중요하다.

· 관성이 과다하거나 왕성할 경우

가. 男命은 아내에게 예의를 차린다고 생각하지만, 아내를 무시하는 경향이 있다.

나. 女命은 남편에 대한 큰 기대로 불만이 많아지고 남편을 피곤하게 한다.

· 인성이 과다하거나 왕성할 경우

가. 男命은 상대방에 대한 배려가 없다는 점이다. 그런데 더 큰 문제는 자신은 최대한 배려한다고 생각하는 것이다. 그래서 혼전에 그런 것이 드러나 결혼에 이르지 못한 경우가 많다.

나. **女命**은 관성의 힘을 설기하여 남편을 무시하는 경향이 있고, 시지에 인성이 있을 경우 식신을 克하는 기운으로 자식이 안 되는 경우가 많다.

✽ 사주원국에 육친 중 없는 경우의 결혼의 비밀

· 男命의 경우

가. 재가 없는 경우

처나 재물과의 인연 요소가 희박해서 결혼 시기가 제한적이다.

나. 식상이 없는 경우

재의 근거가 부족해서 처의 건강에 기복이 있고(비겁이 오면 재의 충돌을 완충시킬 식상이 없으면 재의 분탈로 부인 건강 악화), 처의 건강이 이상 없으면 부부의 정에 기복이 있고, 그것도 아니면 부인의 외도가 있게 된다.

다. 관이 없는 경우

이성적인 매력이 떨어진다. 女命에 식상이 없는 것처럼 男命에 관이 없으면 여자의 마음을 붙잡지 못하는 경향이 많고, 실제로 자식이 드물게 오거나, 자식이 통로가 되지 못함으로써 부부 관계도 원만하지 못하다. 관이 없다는 것은 법 없이 한번씩 범법을 할 수 있다는 의미로 가정 형식을 허물 수 있어 부부 인연 갈등 인자를 만들게 한다.

라. 인성이 없는 경우

재와 짝이 되기 때문에 재가 극단으로 갈 수 있는 환경을 만듦으로써 부부간의 조화력도 많이 떨어진다. 전체적인 조절능력이 떨어져 부부관계이든 인간관계이든 극단성을 보일 수 있다.

· 女命의 경우
가. 식상이 없는 경우

자식 생산의 인자가 부족한 것으로 가정 형성의 인지가 부족하고, 성혼에 대한 뜻이 약해서 결혼이 매우 늦어지는 경우가 많다. 관은 있다할지라도 식상이 없다면 결혼이 늦어질 수 있다. 성적 매력이 떨어져 이성에게 부각을 많이 못시켜서 다시 안 보고싶어한다.

나. 재가 없는 경우

재는 관을 낳아주는 근거지로 재성이 없으면 남편덕이 약해진다. 재성이 세력이 있다는 것은 어느 정도 주기를 가지더라고 남편의 덕을 원만하게 연결해주는 역할을 한다. 즉 재성이 없으면 관성의 덕이 있다가 끊어지고, 다시 생겨나는 식으로 굴곡이 발생한다.

다. 관이 없는 경우

관(배우자)이 없는 것과 흡사한 모양을 유지하는 경우, 즉 배우자가 지극히 변화가 작은 조직, 교포, 외국, 해외, 섬 등의 공간적 환경이나 출신적 환경이 제한적인 경우를 말한다. 남편이 있으나 없으나 마찬가지인 덕인 경우이다. 만약에 여명이 양기 덕을 잘

입는 모양일 경우 변화없는 조직(공직)사회에서 아주 고위공직, 즉 명예로 이어진다. 이런 경우는 대략 10~20%에 해당된다.

라. 인성이 없는 경우
관과 소통할 수 있는 통로 역할이 없어지고, 재와 식상을 조절하는 기능의 상실로 부부 관계이든 인간관계이든 극단으로 갈 수 있다.

✷ 재성과 관성 모양으로 판단하는 부부인연법

결혼 이후에는 女命은 관(남편)의 모습, 男命은 재(부인)의 모습이 서로 상대방에게 계속 영향을 미치게 되고, 그런 모양에 부합되는 형태를 찾으려는 운동이 지속해서 이루어지게 된다. 그래서 서로의 모양이 상대방의 사주의 모습에 제대로 부합되는 모양을 하고 있다면 상대방의 덕이 많고 적음을 떠나서 인연이 오래가고 인연이 되면 그 관계가 꾸준히 유지된다.

반면에 서로의 사주에 놓여 있는 모습과 실제 모습이 다르다면 그 인연이 오래가지 못하고 갈등과 반목의 세월 끝에 인연을 다하게 된다. 예를 들면 女命 사주에 관성(남편)의 모습이 조용하게 변화없는 직장에서 일을 하는 모습인데 실제로 남자는 활발하게 사업을 하고 있다면 그 인연은 오래가지 않고 쉽게 멀어질 수 있다고 보면 된다.

▶각 일주별 財와 官의 모양◀

일주	재, 관의 모습	
甲木	관(官)	庚, 辛, 申, 酉, 戌 중 辛金, 丑 중 辛金, 巳 중 庚金 (7개)
	재(財)	戊, 己, 午 중 己土, 戌, 辰, 丑, 未, 寅 중 戊土, 巳 중 戊土, 申 중 戊土, 亥 중 戊土 (11개)
丙火	관(官)	壬, 癸, 亥, 子, 辰 중 癸水, 丑 중 癸水, 申 중 壬水 (7개)
	재(財)	庚, 辛, 申, 酉, 戌 중 辛金, 丑 중 辛金, 巳 중 庚金 (7개)
戊土	관(官)	甲, 乙, 寅, 卯, 未 중 乙木, 辰 중 乙木, 亥 중 甲木 (7개)
	재(財)	壬, 癸, 亥, 子, 辰 중 癸水, 丑 중 癸水, 申 중 壬水 (7개)
庚金	관(官)	丙, 丁, 巳, 午, 寅 중 丙火, 未 중 丁火, 戌 중 丁火 (7개)
	재(財)	甲, 乙, 寅, 卯, 未 중 乙木, 辰 중 乙木, 亥 중 甲木 (7개)
壬水	관(官)	戊, 己, 午 중 己土, 戌, 辰, 丑, 未, 寅 중 戊土, 巳 중 戊土, 申 중 戊土, 亥 중 戊土 (11개)
	재(財)	丙, 丁, 巳, 午 寅 중 丙火, 未 중 丁火, 戌 중 丁火 (7개)

(1) 庚金 일주 사주에 나타난 官(남편)의 모양

① 丙, 丁 : 천간에 투간되어 있으며 名에 가깝고 지지에 보조가 있으면 實을 갖춘 실력있는 官이 된다.

② 巳, 午 : 영양가는 있지만 대외적으로 알려지지 않고 기업으로 치면 대기업은 아니고 중소기업이고 경제적 보상이나 대가는

충실하게 이루어지는 官이 된다.

③ 未 중 丁火, 寅 중 丁火 : 반은 名으로 쓰고 반은 實로 쓴다. 未중 丁火는 午의 여기가 넘어온 것이고 寅 중 丙火는 장생의 자리에 앉아 있어 세력이 상당히 강하다.

④ 戌 중 丁火 : 따뜻하지도 않고, 밝지도 않은 것이 그렇다고 없다고 할 수 없다는 말은 경제적인 실력이나 사회적인 능력에 따른 부가적인 혜택을 보기 어려운 官이 된다. 하지만 없는 것보다는 나은 모양인데 그 세력이 미미하다.

(2) 甲木 일주 사주에 나타난 財(부인)의 모양

① 己, 未, 午 중 己土 : 정재로서 지지에 세력 있는 경우 최고의 부인이 된다.

② 戌, 辰, 己 중 戊土 : 오행적 대세가 있을 때 부인의 덕을 볼 수 있다.

③ 丑, 戌 : 무늬도 있고 활동은 있지만 재성으로서의 활동력이 약해 잦은 병치레를 할 수 있다. 오행무력의 해로 원만하고 원활한 처덕을 입기에는 방해가 있다.

④ 寅, 申, 巳, 亥 중 戊土 : 밖으로 드러난 활동을 하기에도 어렵고, 사회적 활동력이 소극적이어서 장사나 사업하기에는 어렵고, 집에서 살림이나 거드는 인연이면 괜찮다.

甲, 乙 일주가 짝지울 財가 土이고 壬, 癸 일주 짝지을 官이 土이다 보니 다른 일주에 비해 짝지을 財, 官의 존재가 많다는 것은 제대로 짝 짓기가 쉽지 않다는 것으로 태생적으로 배우자 인연을 매끄럽게 이루기가 힘들다. 甲, 乙 일주는 재성이 안정된 모양으로 내 것이 되는 것이 몇 개 안되어서 용두사미로 많은 일을 벌려도 수확은 부족한 모양이다.

식상운으로 가면 팔도에 애인이 있어 저 사람은 이래서 좋고, 저 사람은 이래서 안좋다고 하는데 결국 영원히 내 것도 남의 것도 아니다.

壬, 癸 일주도 안정적으로 남편덕을 구하기 어려움이 많다. 土라는 것이 여러 개 있으니 짝지어 쓸 수 있는 남자, 남편 인연도 많아 그만큼 안정이 힘들다고 보면 된다. 壬 일주일 경우 정관의 모습을 제대로 취하고 있는 모양은 壬午 일주(午 중 己土)밖에 없다.

壬寅 일주는 일지 식상으로 배우자 덕을 왔다갔다하게 하고 壬辰 일주는 일지 편관으로 성질나면 木으로 변하고, 그 자체가 괴강이고, 壬申 일주 편관 戊土가 병지, 정관 己土가 욕지에 들어 간다. 壬戌은 백호대살로 土의 역할이 너무 약해 경제적 실력이 부실하다.

癸 일주도 癸巳, 癸未 일주 외에는 남편 덕이 안정되기 쉽지 않다. 癸丑(土로서 역할이 미비), 癸卯(남편의 덕이 안정이 안 된다), 癸酉(정관 戊土가 사지, 편관 己土가 장생), 癸亥(戊, 己土가 절, 태지에 앉아 있음).

결론적으로 壬, 癸 일주는 남편 덕을 잘 본다는 것이 쉽지 않다는 것으로 설명할 수 있다.

· 실제 사주에 나타난 財, 官의 모습으로 해석한 경우

坤 　○ 丁 丙 壬
　　 ○ 酉 午 寅

위 모양으로 남편을 구한다면 남편은 유명 조직(그룹, 대기업 조직, 국가 조직)에서 조직생활의 인연을 구한다면 그 덕과 인연이 오래간다. 그것을 벗어나면 무조건 굴곡이 있다. 경제적 실력이나 번영을 크게 이룬다면 두 사람의 인연이 멀어지게 된다.

坤 　乙 癸 庚 癸
　　 卯 卯 申 丑

丑이 남편으로 土의 역할. 기능이 미약하여 女命은 남편 덕을 입기가 쉽지 않고 여자관계가 복잡한 남편에 해당된다.

卯와 丑이 서로 격각이 형성되어 경제적인 활동력이 크게 활성화되고 있을 때 직업이나 일로 인하여 먼 곳 출입이 따르거나 역마살과 관련되어 있다.

坤 　丁 己 壬 甲
　　 卯 酉 申 寅

남편이 甲寅으로 명실상부한 명성과 실력을 갖춘 능력을 가지고 있고 사회적 활동력이 뚜렷한데 활동성이 조건부가 된다. 남편의 직

업이 먼 곳으로 왔다갔다 하는 일이면 인연이 길게 갈 수 있다. 같은 곳, 같은 주거 공간이나 활동 무대가 되면 결국은 시소 작용이 와서 성패작용이 오게 된다.

즉 부부가 떨어져 살면 서로에게 좋은 작용을 하게 된다.

```
        ○ 辛 ○ ○
坤      ○ 丑 午 ○
```

남편이 경제적 실력이나 번영을 이룩하는 세월은 오는데 편관으로서의 제한성 때문에 뭔가 하나가 채워지면 다른 쪽이 허결해진다.

남편과의 관계가 서로 눈을 흘겨 볼 일 있다는 것은 정이 있다가 없다가 한다는 것인데 금전적인 요소가 충족은 되더라도 애정적인 면에서 충족되지 않는다는 것이다.

남편의 덕이 금전, 애정, 동거, 건강 중에 하나가 부족한 세월이 온다고 보면 된다.

```
        ○ 辛 ○ ○
坤      ○ 未 ○ ○
```

未 중 丁火가 남편으로 유명한 것은 아니지만 이름 없는 것도 아닌데 보통 변화가 적은 직장이나 안정적인 사업을 하는 命이다.

안정적인 사업은 경제적인 실력을 구하는 일이라 사업적인 번영이 있다면 애정이나 건강에서 부족함이 따르는데 동거는 일지에 있으니 해결되고, 건강은 본인이 아니면 부인의 건강이 부실한 형태로 나타날 수 있다.

　변화없는 직장은 주로 권력을 높이 구하지 않는 국가 공직, 교수, 연구직, 전문직일 경우이고 금전적으로 약간의 아쉬움이 있지만 애정, 동거, 건강이 무난할 수 있다.

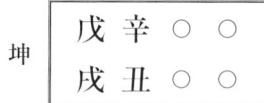

　丑 중 癸水가 식상, 戌 중 丁火가 관성(남편)인데 서로 刑을 하고 있어, 자식을 낳을 때 의료적인 과정(제왕절개)이 필요하고 자식과 남편의 궤도가 달라 부부 인연이 고르지 못하다.

　戌 중 丁火는 뜨겁지도 않고, 밝지도 않고, 없는 것은 아니지만 폼이 덜 나는 형태로 사회적으로 큰 영향력은 가지지 못한 남편을 만나면 그 인연이 큰 문제가 없다.

```
       ○ 辛 ○ ○
  坤
       ○ 卯 寅 ○
```

　寅 중 丙火로 폼 나는 것은 아니지만, 경제적인 보상을 크게 이룩하는 것은 아니지만 비교적 안정적으로 경제적 활동과 보상이 주어진다.

　女命에 재성은 시가가 되어 물려주는 재산으로 변동성이 많지 않은 형태 (임대업, 목욕탕)의 사업에 가담하여 폼은 많이 나지 않지만 따뜻한 모양.

乾

戌 편재로서 작용을 하지만 丑 정재를 취해올 때 刑의 작용으로 처의 활동 요소가 형벌. 가공의료에 관련된 직업 특성을 가진 인연으로 확장 해석할 수가 있다.

그런 인연이지 확인해 보면 되고, 운의 흐름이 나쁠 때는 刑에 의한 손상으로 수술을 받는다든지, 신체적으로 눈에 띄는 흉터가 생길 수 있다.

丑, 戌은 재성으로서 무늬와 활동은 있지만 처의 작용력이 약하고, 잦은 병치레 가능성이 있다.

乾 ○ 甲 ○ ○
　 ○ 子 亥 ○

재성이 亥 중 戊土 밖에 없는 경우에는 밖으로 드러난 활동이나 사회적 활동력이 어렵고 소극적이 된다.

할 줄 아는 것이 없는 사람으로 촌사람과 같은 존재가 인연이 된다. 만약 그런 인연이 아닌 사람을 억지로 짝을 지으면 그 인연이 오래가지 못한다.

乾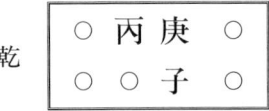

상대적으로 재성이 모양과 역할을 하지만 실질적인 경제적인 실속이나 축적에서는 그 작용이 부족하다.

변화없는 직장이나 살림살이 중심에서 기본적인 처의 역할만하면 괜찮은데 경제적 실력을 구할 때는 운의 흐름에 따라 굴곡이 발생한다.

乾　｜ ○ 甲 ○ ○ ｜
　　｜ ○ 子 未 ○ ｜

未(土)가 정재라 좋은 배우자는 맞는데 日支에 子水가 있어 부인이 안방에 들어와서 부인 역할을 하려고 하면 인상을 찌푸려야 할 일이 자주 발생되어 불편한 관계가 될 수도 있다.

하지만 금전적으로 축적, 보상에 역할이 있어 좋은 것과 나쁜 것이 섞여있는 부부 관계가 된다.

乾　｜ ○ 甲 ○ ○ ｜
　　｜ ○ 戌 辰 ○ ｜

부부 인연이 편재로서 한계는 있지만 직업이나 일로 인하여 한 번씩 떨어져 사는 세월이 있다면 별 무리 없이 지낸다.

부부 관계가 沖과 刑에 의한 삭감이 일어나 부인이 사회 활동이 별로 없고 소극적인 형태로 지낼 때는 큰 무리가 없지만, 본인 활동을

왕성하게 할때는 떨어져 사는 것이 인연이 고른 형태가 된다. 한집에 지낼 때에는 부부 인연에 갈등 요소가 많다.

✽ 실제 사례로 보는 남녀 혼인에 대한 비결

(1) 좋은 혼인을 위한 궁합 보는 방법

사례 1.

坤   己 壬 戊 庚   癸 甲 乙 丙 丁
     酉 寅 寅 午   酉 戌 亥 子 丑

乾   癸 癸 丙 庚   壬 辛 庚 己 戊 丁
     亥 亥 戌 申   辰 卯 寅 丑 子 亥

· 결혼을 위해 궁합 본 사례, 女命의 모친이 남자가 나이가 많고 딸이 먹여 살릴 팔자라고 반대함.

〈궁합 보는 법〉

① 일지 비교(合, 刑, 穿, 破, 生)있는지 파악(암합〉육합〉천을 귀인).
② 전체 오행을 비교해서 서로 필요한 오행이 있는지 파악
   (女命 : 水, 金이 필요, 男命 : 木, 火가 필요)
③ 일지와 상대방의 연지 비교. 寅申冲(해당 육친을 감안하면)은 女命의

어머니와 男命의 조상 궁과 안 맞다.

※ 말려도 결혼을 할 것 같은데, 男命의 사주에 丙戌은 부친, 처로서 돈 덩어리라 좋고, 壬辰 대운에 癸,亥가 입묘되어 酉金이 오는 세운이 오면 폐고가 되어 안 좋을 수 있다. 女命은 양궁 일성으로 결혼을 두 번 할 八字임. 甲戌 대운에 寅午戌三合으로 戌에 기가 몰려 酉戌穿으로 대발할 명이다.

사례 2.

乾 庚 癸 丙 己   辛 壬 癸 甲 乙
    申 丑 子 未   未 申 酉 戌 亥

坤 丁 甲 壬 庚   丙 丁 戊 己 庚 辛
    卯 寅 午 申   子 丑 寅 卯 辰 巳

· 男命은 아버지 회사에 근무하고, 女命은 대기업에 다님.

〈궁합 보는 법〉

① 일지 관계 : 寅丑 암합.
② 男命 : 火가 필요, 女命 : 水가 필요. 서로 필요한 오행이 상대방에게 있다.
③ 寅→未, 丑→申 연지와 일지 비교 서로 입묘 관계가 좋다.

(2) 사례로 보는 좋은 혼인 명과 나쁜 혼인 命

① 좋은 혼인 命

乾　| 庚 丁 壬 甲 |
　　| 戌 未 申 申 |

· 건축업으로 발재한 命

· 壬
  申申 : 처로서 처복이 있는 命.

· 申申 -〉 庚으로 유통 구조로 사업 命.

· 申申 -〉 壬(관통재) -〉 甲木 (인성)

乾　| 甲 丁 壬 辛 |
　　| 辰 丑 辰 酉 |

· 辛酉 = 재 = 부인.

· 부인의 돈이 내 돈이 된다 (辛酉가 丑으로 입묘).

· 의사인데 장인이 사 준 집에 살고, 장인 땅에 병원 건물 지을 예정.

② 좋시 않은 혼인 命

坤　| 乙 己 丁 己 |
　　| 亥 亥 卯 丑 |

- 궁도 많고 성도 많아 다혼 命.
- 정궁 정성인데 옆에 편성이 있어 혼인이 쉽지 않다 (혼인하면 불행해진다).
- 庚午/辛酉年(33세) 연하남과 간통, 乙庚合. 乙辛冲(乙木=애인, 亥中 甲木=남편).

```
坤   丙 己 庚 己
     寅 巳 午 酉
```

- 남편이 이혼을 안 해 줘서 가출해서 연하남과 동거한 命.
- 비견 쟁부 및 일지 편인(정식 부인이 되지 못하는 命). 寅巳穿으로 성이 궁을 천 혼인이 안 좋다. 포국이 있어 이혼은 안하고 있다.

③ 실제 부부 命을 통해 보는 혼인의 사례

사례1.

```
            40 30 20 10
乾  ○ 乙 辛 己    丁 戊 己 庚
    ○ 亥 未 卯    卯 辰 巳 午
```

女命 29세, 己未/丙辰, 男命 辰/ 丙辰 이혼한 부부命

- 女命은 궁, 성이 다현, 戊子=남편, 壬戌=유부남, 己未/丙辰年 子未穿, 辰戌冲(궁이 괴).

- 男命은 未=부인, 辛金=부인의 애인, 己卯=결혼 전에 사귄 여자, 辰/丙
  辰年 亥未合(궁, 성)으로 辰으로 입묘.
※이혼하는 부부의 경우 그냥 한쪽의 八字가 잘못되어 이혼하기 보다는
  부부 八字에 동시에 체현되어 어느 한쪽의 잘못이 아니다.

사례 2.

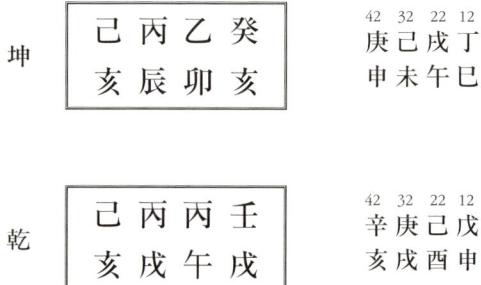

부부가 공무원 命, 女命은 중간에 퇴직, 다른 일을 하는 중

- 女命은 己亥 자합으로 공무원 命이고, 亥=남편이라 음상관이 관을 제압
  (남편이 큰소리를 내지 못함).
- 己未 대운: 亥卯未三合으로 卯辰穿으로 궁이 괴(이혼을 고려 중).
  자식성을 천하여 자식도 안 생긴다(식신을 穿해서 성격도 안
  좋다). 庚申 대운을 가야 卯木이 제거 되어서 좋다.
- 男命은 亥水를 제압하려는 의사인데 壬水로 허투 격이 낮다. 戌 대운에
  戌이 복음이라 부인과 이혼수가 들어왔다.

사례 3.

乾
庚	壬	辛	丁
子	子	亥	丑

44 34 24 14
丙 丁 戊 己
午 未 申 酉

坤
壬	壬	甲	己
寅	寅	戌	卯

42 32 22 12
己 戊 丁 丙
卯 寅 丑 子

남자는 주색에 빠진 命, 부인은 두 번째 결혼 命, 戊 대운에 남편 외도로 다시 이혼

- 男命은 양인이 강해 아버지와 부인을 克하는 命 (여자가 들어와 살기가 쉽지 않은 命). 두 번 째 부인은 亥 中 甲木으로 한번 결혼했던 사람임.
- 女命은 상관지명으로 卯戌合으로 (戌 = 남편) 남편을 克해서 자기가 살려면 도망가야 한다 (己土 = 전남편).

④ 배우자를 극상하는 命

- 궁이 성의 사, 절, 묘지에 임하면 배우자를 극상하기 쉽다.
- 男命의 양인과 겁제는 극처하는데, 申金 겁제는 엄중하다(卯申合).
- 女命의 양간일주는 음상관을 보면 극부하며 상관고는 최고로 엄중하다.
- 궁과 성이 三刑이면 克이고, 궁과 성이 동시에 괴되면 부부가 이별하여 헤어진다.

坤 | 辛 戊 辛 丁 |
　　| 酉 辰 亥 卯 |

· 음상관이 남편을 극하는 命.
· 卯木=남편인데 壬辰年 卯辰穿 卯酉沖 궁성이 괴 되어 사망.
· 丁巳/癸亥年 亥 중 甲木이 두 번째 남편으로 丁巳 대운은 水의 절지, 癸亥年은 亥가 포위되어 辰(궁)으로 입묘하여 두 번째 남편도 사망.

乾 | 癸 丁 己 庚 |
　　| 卯 卯 丑 寅 |

· 처성은 庚金으로 지지에 묘와 절이 동시에 나타나 대운이나 유년에 응기 되면 사망한다.
· 처는 寅 중 丙火가 있어 밖에 남자가 있다.
· 甲 대운 甲戌年에 寅木이 포위 丑戌刑으로 묘고가 열려 사망(처는 처의 애인에게 살해당함).

⑤ 혼인 관계에서 문제 있는 命(음란 命)

坤 | 辛 戊 己 癸 |
　　| 酉 寅 未 卯 |

· 女命에 식상, 녹으로 재(관)를 刑, 穿, 破, 沖으로 취하는 경우 성적인 의사로 본다.
· 유부녀인데 여러 남자와 성관계가 많은 여성.

· 비견 쟁부라 부부관계가 문제.
· 寅酉절 : 남편과의 인연이 끊어졌다, 癸卯=돈 갖고 있는 남자, 卯酉冲
　　　　　으로 밖에 남자와 교환 거래.
· 未 중 寅, 卯가 나오기 때문에 다른 여자의 남자들과 관련이 많은 팔자.

坤　| 庚 丁 庚 己 |
　　| 戌 丑 午 酉 |

· 녹, 식상을 가지고 재를 여는 命.
· 丑戌刑, 午酉破, 戌—색정 장소.
· 女命은 식상 녹으로 재(관)을 刑, 穿, 破, 沖하는 경우 유의해서 봐야 된다.

坤　| 辛 丁 甲 庚 |
　　| 亥 酉 申 寅 |

· 亥水는 관통재, 궁도 많고 성도 많고 재가 많아 남자에게 헤프다.
· 申 중 壬水=1남, 亥= 2남.
· 壬午 대운 辛亥年 : 매춘부. 午亥合, 午酉破로(몸으로 재, 관을 破)
　　　　　　　　　 직업여성 命.

坤　| 癸 壬 乙 戊 |
　　| 卯 寅 卯 戌 |

· 비겁, 상관이 관에 대항으로 女命은 몸 파는 命. 男命은 뇌옥 命. 戊癸合
　으로 남의 물건, 다른 여자의 남자를 갖고 싶지만 내 것으로 만들 수

없는命(상관지명, 壬水가 힘이 없어 내것이 될 수 없었다).
- 식상이 관을 제압하여 예쁘고, 매력 있음.
- 항상 남의 남자(유부남)을 내 것으로 만들고 싶어 하는 복잡한 이성 관계를 하는 命.
- 癸丑 대운(17대운) : 丑戌刑으로 卯戌合이 깨져 관의 대항으로 안 좋은 일이 생긴다(잡은 것을 놓쳤다).

⑥ 아이를 낳지 못하는 불임 命

坤 癸 癸 辛 丙   55 45 35 25 15 05
    亥 卯 卯 子   乙 丙 丁 戊 己 庚
                    酉 戌 亥 子 丑 寅

- 20대에 결혼, 41세까지 자녀를 낳지 못함. 40세에 이혼.
- 亥=자녀궁, 卯=자녀성으로 특별히 문제없다.
- 식상이 너무 왕해 설기 당하고, 丙辛合으로 辛金이 괴, 辛金이 일주를 도와주지 못하고, 사주 조후가 문제.
- 대운도 亥, 子, 丑 대운으로 차가운 대운으로 착상이 어렵다.

坤 壬 辛 丙 己   53 43 33 23 13 03
    辰 未 寅 酉   壬 辛 庚 己 戊 丁
                    申 未 午 巳 辰 卯

- 26세에 결혼, 45세가 되도록 아이가 없음. 남편과 사이는 좋다. 수정관 시도 계속 실패.
- 설기가 많고. 丙辛合, 辛金이 壬水에 설기, 대운도 巳, 午. 未로 병지 사지로 흘러감.

- 자식성(壬水, 寅木) 壬水는 辰고에 앉아 있고, 丙壬沖으로 壬水가 타격을 입고, 寅木은 未고에 앉아 있고 다시 辰으로 들어가 辰酉合.
- 편인이 왕하면 자식을 낳기 쉽지 않다.

부부 命

- 男命은 卯申合절로 자식궁이 괴, 상관이 자식궁에 앉아 있어 자식이 문제. 己土는 자식성이지만 申亥穿으로 나와 관련 없음 (남의 자식).
- 女命은 辛(자식성)이 절지, 卯酉沖으로 자식성, 자식궁이 沖. 癸巳 자합으로 인해 巳酉合으로 酉金이 완전 제압이 되지 않는다. 자식궁이 편인.

부부 命–부부 관계는 좋고 경제적으로 여유 있다. 여러 번 유산

- 女命은 戊子 자합, 子未穿으로 자식성이 괴. 신약 사주로(2개의 戊가 辛金을 생하지 못함)지지는 병지, 사주가 너무 조해서 착상이 안 된다.
- 男命은 酉戌穿, 午酉破로 자식성이 궁을 괴.

⑦ 결혼이 쉽지 않은 독신 命

- 일지와 시지에 비겁, 녹, 인성이 있어 남편, 부인성이 진입하기 쉽지 않은 경우.
- 성이 궁을 괴하는 경우
- 女命일 경우 재고를 깔고 있는데 재고가 열리지 않는 경우.

乾　丙 辛 戊 壬
　　申 未 申 子

- 未고(재고)가 안 열려서 혼인이 쉽지 않고 子未천으로 처궁, 처성이 괴되어 독신 命.

乾　乙 癸 癸 壬　　63 53 43 33 23
　　卯 酉 丑 寅　　庚 己 戊 丁 丙
　　　　　　　　　　申 未 午 巳 辰

평생 은행원으로 독신 命

- 처성이 寅, 乙卯, 궁이 酉金인데 결혼 시기인 丁巳, 戊午 대운 巳酉합, 午酉破로 궁이 괴되어 혼인이 어렵다(酉金이 제압되어 직장 생활은

좋았다).

· 己未 대운 : 寅, 卯木이 未고에 입묘, 성이 사라지고 본인 직장생활도
쉽지 않다.

坤　| 庚 庚 壬 庚 |　　58 48 38 28 18
　　| 辰 辰 午 戌 |　　丙 丁 戊 己 庚
　　　　　　　　　　　 子 丑 寅 卯 辰

· 일지, 시지에 편인, 비겁만 있어 독신 命.
· 결혼 시기 : 己卯 대운 – 午卯破(성괴), 卯辰穿(궁괴)
　　　　　　　戊寅 대운 – 寅午戌三合으로 재가 사라져
　　　　　　　남자에게 감정이 없다.

乾　| 己 壬 庚 戊 |
　　| 酉 戌 申 申 |

· 포국(戌土가 戊土로 허투)이 괴, 戌=칠살=남자, 戌고가 닫혀 있다
(戌 중 丁火가 처성)남자를 좋아하는 命.
· 癸未 26 대운 : 未戌刑으로 혼담이 오갔다(고가 열렸다).

⑧ 동성애

· 男命은 처궁이 관살성이 있고, 처성이 괴 되거나 배척될 때.
　女命은 부궁에 겁제가 있고 남편성이 괴 되거나 배척될 때.

乾　　| 癸 辛 丙 甲 |
　　　| 巳 未 寅 子 |

· 丙辛合하여 관을 합해 남자만 좋아하고, 子未穿으로 여자를 좋아하지 않는다.

乾　　| 甲 丙 辛 乙 |
　　　| 午 子 巳 巳 |

· 처궁에 관살이 있고, 丙辛合, 子巳절로 부인하고는 감정이 없다.
· 대운이 丑, 子, 亥로 흘러 子水가 왕하여 남자 친구를 찾는다.

坤　　| 丁 戊 戊 己 |
　　　| 巳 午 辰 酉 |

· 재, 관이 없어 정상적인 혼인이 어렵고 부궁과 시지에 비견, 녹이 많아 독신 命.
· 癸亥年에 戊癸合, 巳亥沖으로 남자에게 몸을 잃은 후 남자 친구와 헤어지고, 지금은 여자 친구와 산다.

坤　　| 辛 癸 丁 辛 |
　　　| 酉 亥 酉 丑 |

· 재, 관이 없고, 丑(성)이 亥水(궁)를 극해 정상 혼인이 어렵다.
· 인성(집)이 궁을 에워싸고, 집안에는 亥(여자)만 있어 동성애자이다.

사주명리로 알아보는 자식운의 비밀

(1) 어떤 자식을 낳아야 좋을까?

요즘은 자식을 드물게 낳는 풍조와 아예 자식을 두지 않는 현상까지 있어 자식복을 논하기가 쉽지 않다. 원래 부모 팔자의 기본 그릇에서 자식 덕이 있다 하더라도 인위적인 산아제한을 통해 자식운이 좋을 때는 출산하지 않고 운이 나쁠 때 출산해서 본인 그릇에 맞지 않는 경우도 있다. 그래서 양질의 자식을 선택할 수 있도록 해 주면 제일 바람직한데, 사실 쉽지 않은 일이다. 하지만 명리상으로 양질의 자식을 12신살로 유도해 볼 수 있다.

· 띠로 유도해 보는 방법(12신살)

父
戌 生

母
卯 生

父를 기준

(寅生, 午生)

망신 그룹 띠
巳, 酉, 丑 (生)
역마 그룹 띠
申, 子, 辰 (生)
반안살 그룹 띠
亥, 卯, 未 (生)

망신 그룹 띠 : 부모가 가지고 있는 힘, 에너지보다 강한 힘, 에너지를 갖고 있어 번영인자가 있는 자식 그룹. 그래서 키울 때 힘이 든다. 왜냐하면 부모보다 더한 능력과 기운을 가지고 있기 때문이다.

역마 그룹 띠 : 부모와 기운이 시소를 이루어 어릴 때는 큰 문제가 없지만, 성장하면 동거 시 부모와 자식 중 한 사람이 활동성에 위축이 온다. 그럴 경우에는 동거를 안 하는 것이 좋다.

반안살 그룹 띠 : 키울 때는 편해서 수하인으로 원만한 계승자 역할을 한다. 부모가 자식보다 큰 기운을 가지고 있어 자식의 능력이나 역량이 부족해 보여 많이 보태줄 수 있다.

※ 이 중에도 가장 양질의 자식을 선택한다면 육해살에 해당 酉生이 된다. 최고의 자식이 되는데 태어나면서부터 부모로부터 도움을 받지 않더라도 스스로 사명감, 소명 의식을 가지고 열심히 노력하는 장남 역할. 사회적으로 중심 역할을 하는 최고의 자식이 된다.
그 다음으로 장성 그룹에 속하는 자식(午生)이 집안의 장남 역할을 하거나 부모의 여러 가지 사회적 역할을 대신 할 수 있는 경제력이나 인격이 있는 자식이 될 수 있다.

· 띠로 살펴보는 가족의 삶의 형태에 대한 이해

父	母	자식
申生	亥生	寅生

母가 父보다 망신 그룹, 父와 자식 관계는 역마 그룹. 母와 자식은 망신 그룹.

父의 번영이 한때 있더라도 오랫동안 지속되지 않고, 만약에 오래 지속될 시 父와 母의 인연이 멀어진다.

父가 아무리 노력해도 母의 입장에서는 자기 그릇에 맞는 대우를 다 받지 못해 만족스럽게 살기 쉽지 않아, 母가 설치고 경제적인 문제를 주도할 경우 오히려 부부 관계가 원만해진다.

母가 父보다 상위 그룹이라서 생기는 문제이다.

父와 자식은 역마 관계로 누군가 번영이 올 때 같은 곳에서 번영하기 어렵다. 그래서 자식이 사회적 번영이 오면 父의 입지가 불안해진다.

이 경우 父의 입장에서 母가 자기보다 강한 기운을 갖고 있고, 역마가 되는 자식이 함께 하는 경우 부부 인인연이 멀어지거나 수명이 짧아지거나 삭감되는 경우가 많이 온다. 그래서 떨어져 사는 것이 바람직하다.

母는 자식을 보면 나의 자랑이요, 외통수가 되어 자식을 위해 모든 것을 헌신하거나, 자식에게 모든 것을 맞추면서 살아간다.

(2) 자녀 사주를 보고 판단할 수 있는 재능과 진로

하고 싶은 것과 타고난 것의 왜곡

(가)　坤　| 癸 甲 戊 乙 |
　　　　　| 酉 寅 子 巳 |

(나)　坤　| 壬 乙 辛 庚 |
　　　　　| 午 亥 巳 辰 |

(다)　坤　| 丙 戊 己 丁 |
　　　　　| 辰 子 酉 巳 |

(가) 命:

정인이 격을 이루고 있어 학문, 자격 임대로 직업을 가질 命인데 운의 흐름이 인성을 허물고 있고, 겨울나무로 태어나서 본인은 정작 巳火(식상)을 추구하며 기르고, 가꾸고, 예능, 미용, 등을 통해 자신의 뜻을 이루고 싶어한다.

그래서 본인의 타고난 재능을 써먹지 못하고, 자신의 八字에 타고 나지 않는 것을 추구하다 보니 크게 성공이 쉽지 않는 命이다.

타고 난 것은 공부를 잘할 수 있는 命인데 본인은 공부하기는 싫고 식상을 써서 돈을 벌고 싶어하지만, 돈 버는 것은 운에 따라 굴곡이 있고, 八字에 인성으로 식상을 마음대로 쓰지 못하는 모양이라 안타까운 八字라고 볼 수 있다.

(나) 命:

월에 상관이 있어 타고난 것처럼 잘 할 수 있는 것은 예능, 어학, 문학등 자기 표현에 관련되어 있는데 정작 본인은 인성을 활용한 연구와 학문을 통해 본인 뜻을 펼치고 싶어한다.

보통 추구하는 것은 세월에 많이 흐른 후에 성공하게 된다. 이 또한 타고난 것과 하고 싶은 것과 차이로 진로에 상당한 혼선이 발생할 수 있다.

(다) 命 :

土와 火가 무리지어 土 기운이 태왕하여 酉金이 반가운 모양이다. 酉가 반가우니까 추구하는 것이되고, 月에 있는 것은 부여된 것이라 소년에 천재 소리를 듣는 경우가 된다. 유명한 스포츠 스타라든지 예술의 천재성을 발휘한 사람들은 타고난 것과 하고 싶은 것이 일치한 경우이다. 그래서 좋아하는 일에 피나는 노력을 하게 되는 것이다.

위의 세 가지 사례에서 보듯이 자녀가 하고 싶은 것과 타고난 것이 일치하면 참 좋겠지만 그렇게 되는 것이 쉽지 않다. 하고 싶은 것(추구하는 것)은 타고나지는 못했지만 피나는 노력을 하는 것이고, 타고나는 것은 오히려 별로 반가워하지 않는 사람이 있다. 이 경우에는 타고난 것이기 때문에 금방 배우는데 세월이 가면서 직업적으로 써먹는 사람이 있고, 안 써먹는 사람도 있다. 그러나 일단 타고난 인자를 더 우선하여 보는 측면에서는 타고난 것으로 가는 것이 손쉽게 가는 길인데 열심히 안 한다. 잘 하기는 하지만 재미가 없기 때문이다.

결과적으로 보면 하고싶다(추구한다)는 잘하지는 못하는데 끝까지 하게 되고, 타고났다(부여되었다)는 대충대충 하는데도 잘한다. 그러나 오랫동안 하고 싶지는 않다. 눈만 뜨면 공부하는 사람, 스포츠 스타, 천재적인 예술인은 타고난 것과 하고 싶은 것이 일치하는 사람이다.

반갑다, 짝지운다, 세력을 따른다

```
○ 戊 ○ ○
○ 子 子 ○
```

　오행적인 인자가 水(재성)라서 인성을 파괴해 머리가 나쁘다고 생각할 수 있지만 인내심은 약하지만 머리는 좋다. 水가 강하다는 것은 기억력 측면에서의 재능은 있지만 육친적으로 어그러져 있는 경우 돈 되는 경우에만 기억한다든지 게임만 기억한다든지, 집중할 힘이 있어 상과분야의 공부를 하게 되면 잘 할 수 있다. 그리고 행동적인 측면보다 정신적 측면으로 교육, 종교, 철학 등 정신적인 측면의 학문을 취하기도 한다.

```
丁 戊 ○ ○
巳 子 子 辰
```

　土가 오행적으로 세력이 강하지 않기 때문에 반가운 인자는 巳火가 반갑지만, 時에 녹이 있고 年에 비견이 있어 오행대세가 약한 것이 아니라 재성을 짝 지울만하다. 재성에 관련된 학문을 한다.

```
         ○ 戊 ○ ○
乾       戌 子 子 亥
```

　세속을 떠난 공간의 인자가 강하여 오행적인 속성만을 주로 취해 교육, 종교, 철학 분야의 학문을 하게 된다.

그런데 운의 흐름에 따라 달라질 수 있다. 세운이 巳, 午 未로 가면 상과 전공, 申, 酉, 戌 운으로 가면 세속성이 멀어져 교육대학원 사범대학 쪽으로 방향이 선회될 수 있다,

```
乾    甲 戊 ○ ○
      寅 子 子 卯
```

月支 子(정재)로 쓰지 못하고 정서적인 자로서 오행적 측면만 취해 와서 주로 교육적인 행위로 넘어간다.

財를 따르면 財와 官이 오행적으로 무리지어 육친적인 입장을 취하려고 하면 항상 자기가 운신의 폭을 잃어버린다. 이런 경우는 오행적인 것을 먼저 취하고, 육친적인 것은 운의 흐름이 좋을 때 취하게 된다.

年, 月에 간섭하는 육친에 따른 학업운

가) 비겁

식상을 돕는 것으로서 독립사업 인자가 강함. 식상을 도우면 교육 행위, 재성을 도우면 상과.

지도력 인자로 관, 인성의 간섭에 의해 행정, 법무.

활동력 인자로 관성과 재성을 보지 않고 식사 자체에 충실한 행위로 교육, 스포츠, 예술.

나) 식상

식신 생재로 사업성 식상 자체의 행위(예능, 어학, 스포츠), 인성과 관성의 간섭(교직, 언론 방송, 특수 행정, 교육 행정).

특히 상관은 변화 요소가 많아 해석하기에 애매하다. 운의 간섭 등을 참작해서 융통성 있게 해석할 필요가 있다. 상관이 격을 갖추면 유자격, 공통적인 특성으로 자율성이며 간섭받기 싫다는 것이다.

다) 재성

月에 정재는 부모가 유도해 주는대로 직업이 만들어지고 부모나 조상의 혜택에 의해 활동 환경이나 근거가 잘 만들어진다. 주로 변화가 적은 조직 사회, 감투발전의 의미가 크지 않은 분야, 안정적인 사업이나 가업 승계.

月에 편재는 부나 조부대의 재물 성패의 단단함이 있다고 보고 命이 너무 신약하면 남의 재산을 운영해주는 금융업, 녹이 있거나 인성이 있어 오행대세가 있으면 사업성으로 넘어간다.

인성이 간섭(경제학), 관성이 간섭(경영학), 재성 자체가 역마(무역), 비인과 인성(회계), 상관이 간섭(마켓팅), 상관이 기본, 관의 간섭(광고).

라) 관성

큰 조직 사회에 참여할 수 있는 전공 인자. 관인소통(행정, 법학) 인성이 우세 (의료 자격) 관의 간섭 하에 있는 식상이 득세(공학), 상관, 인성, 관성이 섞이면 특수 행정.

마) 인성

인성 득세하면 글, 학문, 자격을 떠나지 않는다(단 刑 沖 破 害가 없어야 한다).

정인이 편재를 보면 자격증 분야 사업. 정재를 보면 감투 발전의 의미가 작은 조직 사회 중심.

관이 세력이 약하면 미관에 그치므로 차라리 인성을 따라 자격증 중심으로 가는 것이 최선. 고시성 시험보다는 중간 관리자, 초급 관리자 시험에 응시하는 것이 좋다.

사주명리로 알아보는 질병에 대한 비밀

(1) 궁위와 상법으로 신체기관 판단

사주명리로 보는 질병은 궁의 위치와 상법의 결합을 보고 판단하고. 음양은 서로 교류하고, 융합하는 것인데 음양이 분리되는 것이 결정되면 사람의 命이 위급해진다. 또는 음양이 전체적으로 평형과 조화를 이루어야 하는데 음을 잃는다거나, 양을 잃는 것은 모두 질병이 될 수 있다. 특히 양을 잃은 사람은 쉽게 사망할 수 있다. 그리고 사주팔자의 穿, 刑, 破로 인해 괴되는 글자가 무엇을 대표하는지, 신체의 일부분인지 아닌지를 살펴봐야 한다.

* 궁의 위치

궁의 위치	時	日	月	年
신체 부분	손, 팔, 이목구비, 생식기	오장육부	척추와 허리	머리, 발

* 상법 상 신체 기관

甲	머리, 담 (쓸개)	寅	머리, 간담
乙	목, 모발, 눈썹 (간)	卯	통로, 혈관, 허리, 창자
丙	소장, 얼굴	巳	신경, 치아, 얼굴

丁	심장, 눈, 신경	午	심장, 혈압, 신경
午	대장	申	대장, 골수, 기관지
辛	폐, 치아	酉	폐, 귀(골 계통)
壬	방광, 입	亥	심장의 음, 혈
癸	신장, 눈, 귀	子	혈액, 심장
戊	위, 코	辰	방광, 췌장, 임파선, 전립선
		戌	심낭, 심장, 위, 신경
己	피부, 배, 기관지, 식도, 입술(비장)	丑	생식기, 폐
		未	비장과 위

(2) 오행의 발달, 과다, 고립에 따른 질병의 양상

① 木의 발달, 과다, 고립

사주에 木이 과다하면 자신감이 지나치고 과시욕을 보인다. 규제와 구속을 거부하고 자신이 모든 것을 결정하려는 의지가 강해진다. 그리고 여성의 경우 외모에 대한 관심이 지나쳐 성형 중독에 걸릴 수도 있으니 조심해야 하고 시작하는 것이 많아도 끝을 내는 것이 없다.

木의 기운이 과다한 경우 비위를 관장하는 오행인 土를 공격함으로써 소화불량에 걸리기 쉽고, 水의 기운을 설기하므로 어지럼

증이나 불면증에 노출될 수 있다. 木과 관련된 장기는 간과 담과 뼈이다. 木이 고립되면 이 기관에 문제가 생긴다. 간과 담의 문제는 자각하는 순간 끝인 경우가 많아 늘 잘 살펴야 한다. 그리고 분노조절 장애가 생길 수 있다. 물론 火의 기운이 과도해서 나타나기도 하지만 木이 고립되거나 아예 없을 때도 나타난다. 그리고 木 일간이 亥, 子, 丑月에 태어날 경우 동절의 나무는 추위 때문에 얼어버린다.

이때 수목응결 상태가 초래되어 지체 장애나 정신적 장애도 나타날 수 있기 때문에 세밀한 관찰과 주의가 필요하다. 사주에 병화가 있으면 이 문제는 해결된다.

② 火의 발달, 과다, 고립

火가 과다하면 돌파력, 추진력을 가지고 있어 업무에 그 추진력이 뛰어나다. 火 기운이 과다한 사람이 상사로 있으면 아래 사람들이 고달프다.

火가 과다하면 분노조절장애 또는 울화가 생긴다. 신약한 사람이 火가 과다한 경우에는 가슴속에 울화가 쌓이기 쉽다. 木은 은근하게 외양을 꾸민다면 火는 외관을 화려하게 꾸미는 것을 좋아하고 타인의 눈에 잘 뜨이는 타입이다.

火가 고립되면 심장과 소장에 문제가 생길 수가 있다. 혈압과 체온, 혀, 이마, 어깨가 양화의 영역으로 양화가 약하면 이른 나이에 어깨 통증 등을 경험할 수 있고 정신적으로는 조울증이 나타난다.

③ 土의 발달, 과다, 고립

土는 기본적으로 자신의 감정이나 내면을 잘 드러내지 않아 조심성과 책임감과 신뢰성을 가지고 있다.

사주에 土가 과다하면 많은 폐단이 생긴다. 土가 중앙이기에 자기가 중심이라고 생각하고 있어 부부 사이에 문제가 발생하여 이혼하려고 해도 이혼하기가 쉽지 않다. 주변의 독립을 주장하는 것을 도저히 용납할 수 없기 때문이다. 기본적으로 중재의 성격이 강하므로 겉으로 아름다운 가정처럼 보이지만 가족들의 의견을 듣되 결정은 자기 마음대로 하는 것이 土가 과다할 때의 특징이기도 하다. 또한 겉으로는 보이지 않지만 안으로는 성격이 기복이 심해서 그의 기준이 무엇인지 끊임없이 의심하게 한다.

土의 고립은 기본적으로 비장과 위장에 문제가 생길 수 있고 여성의 경우 자궁(丑土)와 난소에 문제가 생길 수 있다 그리고 土는 단맛에 해당하므로 당뇨(戌, 未)결석과 관련된 질병에 노출이 많다. 土가 허약하면 권태를 느끼기 쉽다.

④ 金의 발달, 과다, 고립

金이 과다하면 자기가 옳다고 믿는 것을 남에게 강요한다. 그 과정에서 끊임없이 잔소리와 자신의 의견에 동의 할 때 까지 못살게 군다. 거기에다 식상까지 있으면 최소한 중상 아니면 사망이다. 문제는 자신이 그런 사람인줄 본인은 절대 모른다는 것이다.

金은 폐와 대장, 골격, 골수, 호흡기 계통의 질환, 신경계통의 질환과 연관될 수 있다. 金이 고립되면 치명적이다. 정식적으로는 무기력증이 올 수도 있다. 갈수록 늘어나는 자폐는 金이 고립된 경우에 해당한다.

대장과 관련된 변비, 치질, 설사 등이 금에 해당된다. 金의 기운이 약하면 치아도 약하다.

⑤ 水의 발달, 과다, 고립

水는 지혜와 직관의 능력의 상징으로 재능이 많다. 水는 과다하면 생각만 많아져 뭔가 추진하려고 해도 정면 돌파가 안 되고 유약해서 작은 실패에도 심한 좌절을 느낀다. 물길이 트일 때는 시원하게 흐르지만 물길이 닫히면 어찌할 바를 몰라 정지하고, 정지하면 꼭 썩어버린다. 水는 자율적인 결정력이 없다.

水가 고립되면 방광, 신장 혹은 土처럼 자궁이나 난소에 문제가 나타난다. 정신적으로는 火는 조울증이라면 水는 우울증이다. 金과 더불어 자폐 성향 역시 강하다. 지혜와 직관이 특징이라면 머리와 관련된 건 다 가지고 있다고 볼 수 있다. 두통, 불면증과도 관계가 있다.

-강헌의 〈명리〉 중에서

(3) 사주 내에 일어나는 작용에 따른 질병의 양상

① 고혈압
양이 왕하고, 음이 약할 때 나타난다.

② 寅亥合
寅(간)이 차고 습한 기운으로 상하여 간의 분해와 배설하는 힘이 없어 어혈이 생겨 류머티즘, 고지혈, 심장병, 뇌출혈이 많이 생긴다. 차고 습한 기운으로 가래(담)이 생겨, 심하면 통병이나 괴질 혹은 정신병이 될 수 있다.

③ 丑辰合金
丑은 폐를 가르키고 金의 고로 많은 구멍들이 있는데, 폐가 옹그라져 각종 천식과 기침의 원인이 되는데 辰이 와서 막으면 폐병이 된다.

④ 火克金
혈병이 발병하기 쉽고 엄중할 경우 백혈병, 재생형 빈혈이 된다(金=피를 만드는 골수).

⑤ 卯午破
혈관이 쉽게 터진다. 그래서 심장병이나 뇌출혈 가능성이 높다.

⑥ 丑午穿

심장이(午火)양이 상하니 심장병.

⑦ 子卯破. 午卯破

녹과 관련되어 있을 경우 수술이나 칼에 상처를 당할 수 있다.

⑧ 당뇨병

土가 와서 水를 흐릴 경우, 위열이 소화를 촉진하는 경우(火 기운이 왕성할 때 음식을 많이 먹게 된다). 대다수 당뇨병은 조열과 유관하여 조토(未, 戌)와 관련이 있다.

(4) 격용에 의한 질병의 경향성 판단

① 인성

식상을 기본적으로 억제하고 조절하는 인자가 강해 인내에 의한 스트레스에 많이 기여한다. 정인보다 편인이 그 정도가 약하다.

똑바로 살아야 한다는 생각에 항상 위장이 긴장해 있고, 스트레스나 심인성으로 소화가 안 되기 때문에 신경성 위장병을 달고 산다.

② 비견과 겁재

비견이 태어난 달이나 날에 있으면 평소에 큰 질병없이 건강하게 오랫동안 잘 지낸다.

겁제가 月에 있으면 남과 논쟁, 다툼을 좋아해서 낙상과 사고 인자. 수술을 요구하는 질병이 발생할 가능성이 있고, 육체를 과다하게 사용하게 되어 과로의 폐해가 있어 간 쪽으로 무리가 된다. 정인, 편인은 질병이 생기면 관리를 잘하는데 비겁은 관리를 잘 안하기 때문에 질병이 드러나면 다스리기가 쉽지 않다. 대체로 유흥, 음주 활동 등을 과도하게 하여 결국은 과로에 의한 몸이 손상하게되는 경우가 많다.

③ 식상

식신은 적당주의 낙천주의로 항상 적당하게 자기 조절력이 있어 식신이 오행 대세에 있든가 격에 있으면 장수한다.

상관은 절차적인 것을 흩트려 버리는 동작이나 행위가 많아 규칙적인 생활에서 잘 벗어난다. 규칙을 왜곡함으로써 수면 시간, 생활 습관이 나쁘게 될 확률이 많아 질병 요소에 쉽게 노출되고 건강 주기도 오르락내리락하는 편이다. 사회적 규범이 많이 필요한 현대적인 삶에 좌충우돌에 대한 압력으로 스스로 병을 만드는 경우가 많다.

④ 재성

정재는 식신과 닮은꼴로 자기 조절, 만족을 해서 수명, 건강이 대체로 원만하다. 그런데 재성이 태과하면 심장에 무리가 오고 간에 힘을 많이 쓰게 되어 결국 간에 문제를 주게 된다. 특히 정재격은 자기 부인을 끔찍하게 아끼는데 정재가 짝이 딱 맞으니 떨어질 이유가 없다. 그래서 그것이 간에 문제가 생기는 것이다.

편재는 전전의 인자로 과로를 부르게 되고 과로에 따른 수명 단축이 발생한다. 주로 간에 부담을 주게 되고 압력을 많이 받아 혈압 쪽으로 질병이 많이 온다. 대체로 사업을 하는 사람들의 안색이 좀 검은 이유가 피를 말리고, 피를 태우는 생활을 해서 본인이 가지고 있는 에너지와 기를 많이 사용하는 생활환경에서 비롯된다고 본다.

재성은 가장 아름다운 미끼이다. 모든 사람들이 가장 아름다운 미끼에 걸려든 모양인 셈인 것이다.

⑤ 관성

정관은 자기 조절력으로 인성을 낳아주는 밭이 되므로 자기통제를 많이 한다. 그래서 질병 관리는 잘하는데 그것이 수명 자체가 길다는 말은 아니다.

편관은 자기 조절이 아니라 자기 억제가 많이 발생하여 과로의 환경이 된다. 그래서 세균성 질환, 급성 질환에 노출되어 수명을 재촉하는 인자로 본다.

(5) 실제 사주명리 사례로 알아보는 질병 형태의 비밀

① 폐암 사례

坤

乙	癸	丙	甲
卯	丑	寅	午

67 57 47 37 27 17 07
己 庚 辛 壬 癸 甲 乙
未 申 酉 戌 亥 子 丑

申 대운 己亥년 폐암 4기 진단

· 庚申/己亥年 폐암 4기 진단→乙庚合, 卯申合절로 폐암 발생(체를 괴).
· 庚子, 辛丑年 사망할 수 있다 : 乙庚合, 子卯破

乾

癸	辛	乙	戊
巳	丑	卯	戌

74 64 54 44
癸 壬 辛 庚
亥 戌 酉 申

酉 대운 丁酉年 폐암 수술

· 酉戌穿, 丑戌刑 (녹이 천을 당하고, 녹이 형을 당함).

② 위암 사례

乾

乙	庚	丁	甲
酉	戌	丑	戌

51 41 31 21 11 01
癸 壬 辛 庚 己 戊
未 午 巳 辰 卯 寅

癸未 대운 壬申年 위암 판정, 甲戌年 사망

· 未 대운 : 丑戌未三刑으로 丑未沖으로 고가 열려 사망. 戌 중에 丁火가 허투, 甲木이 생을 하여 丁火가 흉신

(癸, 壬 대운은 좋았다. 丁火 흉신이 제거).

③ 췌장암 사례

辛卯 대운 癸未年 췌장암으로 사망

· 辰 : 췌장, 卯未合해서 卯辰穿, 丁癸沖, 丑未沖으로 고가 열려 丁火가 입묘 (天沖, 地沖).

④ 심장병 사례

己巳 대운 심장병 발발

· 寅巳穿으로 심장병 재발.
· 寅 중 丙火 심장이며 심장 위치.

乾　己庚己庚　　63 53 43 33 23
　　卯申卯寅　　丙丁甲癸壬
　　　　　　　　戌酉申未午

丙戌 대운 丙申年 심장병으로 사망

· 寅(심장), 申(심장 위치 오장육부 위치) 寅申冲으로 심장병 발생.
· 丙火가 庚金을 극(戊土가 없어서 바로 극)己土는 아무런 도움이 안됨.

坤　壬癸辛甲　　18 08
　　子酉未寅　　己庚
　　　　　　　　巳午

선천성 심장질환으로 세 살까지 병원 출입

· 寅 中 丙火 심장이며, 酉 심장 위치.
· 寅酉절로 심장이 안 좋다
· 甲寅(1세)年 寅酉절에 응기, 乙卯(2세) 卯酉冲으로 寅酉절. 丙辰(3세)
　辰酉 合動, 寅酉절, 丁巳(4세) 巳酉합으로 酉金 제압으로 寅酉절 깨침.

⑤ 정신질환병 사례

乾　辛壬壬戊　　33 23 13 03
　　丑申戌申　　丙乙甲癸
　　　　　　　　寅丑子亥

정신 질환으로 20세 丁卯年 정신병원 입원

- 丑戌刑으로 戌이 괴 되었다고 보는데 戌-)戊土로 허투 완전 제압이 안됨.
- 壬申, 戊申으로 간지반국으로 壬申 자신이라 자신에게 문제 발생.
- 甲子/丁卯年 : 정신병원 입원. 卯申合으로 포국 반국 응기, 子=申金
  으로 반국 응기.

乾 丁 庚 庚 甲   35 25 15 05
    亥 戌 午 午   甲 癸 壬 辛
                   戌 酉 申 未

17세(庚戌年) 정신병 발병, 25세(戊午年) 증세 심해진 命

- 亥(식상)가 午亥合, 丁亥 자합, 戌土가 克으로 괴 당함.
- 壬申/ 庚戌年 : 정신병 발생, 戌로 午, 戌, 丁火 응기. 壬水로 亥水 응기.
  癸酉/戊午年 : 午亥合, 丁亥 자합, 癸水가 庚金을 녹슬게 한다.

坤 己 甲 庚 丙   44 34 24 14 04
    巳 寅 寅 申   乙 丙 丁 戊 己
                   酉 戌 亥 子 丑

子 대운에는 공무원. 丁亥 대운 결혼. 亥 대운에 정신 이상으로 이혼

- 寅巳穿(체가 체를 穿해 흉하다)사목, 물이 없고 火가 많다. 식상만 왕해
  女命으로 힘든 팔자. 완전 제압된 申金이 庚金으로 허투.(제압이 좋지 않다)
- 子 대운 : 목화상관 배인이 되어 공직(관인상생).
- 亥 대운 : 寅亥合, 寅 중 丙火가 꺼져 정신병 발병. 寅巳穿 응기
- 戌 대운 : 寅戌 공합으로 死木에 火가 왕성해서 木이 불탄다(국가 정신
  지체 장애인 수급자).

乾　| 甲 乙 丙 己 |　43 33 23 13 03
　　| 申 巳 寅 巳 |　辛 壬 癸 甲 乙
　　　　　　　　　　酉 戌 亥 子 丑

자폐아 命

· 상관 火가 너무 강함(마음대로 사는 命). 水가 없어 버린 命. 寅巳穿(머리가 잘 돌아간다), 巳申合.

· 癸亥 대운 : 丙癸沖. 巳亥沖, 인성으로 왕신충발, 寅亥合, 巳亥沖으로 寅巳穿 응기, 巳申合으로 관(윤리)이 괴, 윤리 관념이 없고 자기 통제 기능이 상실.

⑥ 구안와사 사례

乾　| 乙 戊 辛 壬 |　38 28 18 08
　　| 卯 申 亥 子 |　乙 甲 癸 壬
　　　　　　　　　　卯 寅 丑 子

공사 직원으로 이른 나이에 구안와사가 왔음

· 乙卯가 흉신으로 乙辛沖 卯申合으로 관을 제압하려는 의사인데 원신이 있어 완전 제압이 안되어 공사 직원.

· 辛金이 제압되는 丙. 丁火가 오면 乙木이 戊土를 극(구안와사).

· 癸丑/丁丑年 구안와사 발생. 丁火가 辛金을 극(乙木이 戊土를 극).

坤 | 乙 辛 丙 丙 |
　　| 卯 亥 申 申 |

구안와사 있음. 결혼 2번 실패

· 丙辛合으로 좋기는 하나 丙火(2개)라 극을 당한다. 얼굴에 구안와사.

⑦ 간질환 사례

乾 | 丙 戊 辛 辛 | 47 37 27 17
　　| 辰 午 卯 丑 | 丙 丁 戊 己
　　　　　　　　　　 戌 亥 子 丑

戊子 대운 庚午. 辛未年 간염에 걸려 직장 그만 두었음

· 사주에 卯木이 辛金으로부터 극. 卯辰穿으로 卯木이 괴.
  간이 나쁠 수밖에 없는 상이 체현.
· 戊子 대운, 庚午年, 辛未年 간염 발발. 子水=辰. 午卯破로 卯木이 응기.
  未=卯로 卯辰穿.

坤 | 壬 丙 丙 庚 | 56 46 36 26 16 06
　　| 辰 戌 戌 子 | 庚 辛 壬 癸 甲 乙
　　　　　　　　　　 辰 巳 午 未 申 酉

庚辰 대운 乙未年 스트레스 받아 간 수술한 命

· 木이 없는 命이라 간에 문제가 있다.
· 庚辰/ 乙未年 간 수술, 乙庚合, 未戌刑으로 木이 없어짐.

⑧ 생식기 질병 사례

坤
戊	癸	癸	壬
午	亥	丑	戌

40 30 20 10
己 庚 辛 壬
酉 戌 亥 子

庚戌 대운 생식기에 병 발생

· 丑=생식기. 午火=생식기 위치. 丑午穿으로 생식기에 질병 예상.

· 庚戌 대운 : 丑戌刑, 丑午穿으로 질병 발생.

坤
甲	癸	癸	丁
寅	酉	卯	未

· 甲寅=생식기 위치. 酉金=생식기(丑土에 나온 酉金). 寅酉절 생식기 문제.

· 戊申 대운 : 寅申沖으로 건강에 문제 발생(甲寅은 연체).

⑨ 신장병 사례

乾
己	丙	己	丙
丑	戌	亥	午

癸 壬 辛 庚
卯 寅 丑 子

壬寅/丁丑年 신장 이식 수술 실패. 혈액 투석

· 丙戌 일주 己丑時 배합이 안 좋다. 亥水=신장, 직장

· 壬寅/ 丁丑年 : 질병 발생 직장 그만둠 . 亥水 허투, 寅午戌三合으로
亥水와 丑土를 괴 시킨다(金水 기운이 메마르고 상하면
신장이 허약해진다).

사람은 각자 타고난 그릇의 분수와 운의 분수가 있다.
그러한 것들이 어떻게 어긋나 있는지를 관찰해 보면
세상 살아가는 모습과 살면서 겪게 되는 고통의 내용이 밝혀진다.
그 사람의 타고난 분만 알아도 그 사람의
가야할 길에 대해 50% 이상 제시해 줄수 있다.
대자연의 춘하주동이든 육친이든 신살적인 흐름이
사람이 살아가게끔 해가 지고 해가 뜬다.
사람이 가장 경계해야 하는 것이 욕망을 조절하고
흐름에 맡겨야 하는 것이다. 흐름에 맡기면 끊임없이 생명력을
부여하는데 운의 흐름이 재물을 취하지 말고 땅을 사서
묻어 놓아야 하는데, 비견, 겁제의 무기를 써서 재를
더 취하고자 하는 욕망 때문에 도리어 희생적 양상으로
몰고 가게 된다.
그런 운의 분수를 따르지 않으면 쪽박을 차서 밤잠을
못 이루는 고통의 세월을 맞이하게 된다.

四柱命理

Ⅲ 사주명리를 해석하는 방법

사주명리의 비밀의 문을 여는 열쇠

한 사람의 사주를 정확히 이해하고, 그 사주가 하고자 하는 뜻을 읽어 앞으로 일어날 일을 예측하는 것은 결코 쉬운 것은 아니다. 오랜 세월동안 수많은 사람들에 의해 연구되고 지금도 역시 그런 작업은 끊임없이 진행되고 있다.

지난 시간 동안 수많은 사람들의 연구와 노력으로 오늘날 사주명리학의 탄탄한 학설과 이론이 정립되었고 많은 발전을 이루었다. 그러나 아직도 사주명리를 제대로 이해하기란 결코 쉽지 않다. 더욱이 일반 대중들에게 쉽게 설명해 놓은 책을 찾기가 어려운데 이는 정말 아쉬운 부분이 아닐 수 없다.

적지 않은 시간 동안 공부하면서 수없이 많은 책을 보고 연구하고 노력했음에도 불구하고 새로운 사주를 보면 그 사주가 뜻하는 바를 쉽게 읽어내지 못하는 경우가 종종 있다. 사주 하나를 제대로 해석 못하는 공부라니 정말 모래 위에 쌓은 성처럼 허무하게 느껴지곤 한다. 사주의 경우의 수가 100만개가 훨씬 넘기 때문에 특정한 사주를 보고 선뜻 읽어내기가 결코 쉬운 일은 아니다. 하지만 구체적이고 세밀한 부분까지는 아니어도 대략적인 윤곽과 사주 속에 녹아 있는 전체적인 뜻을 읽을 수 있는 수준을 지향하는 많은 사람들의 바람과 꿈을 실현할 수 있는 길이 요원해 보이기만 하다.

사정이 이렇다 보니 사주 해석에 필요한 방법과 길을 직접적이고 구체적으로 제시해 주는 책이나 스승을 만나는 것은 정말 쉽지 않다. 더구나 사주명리학 분야는 서로 공유하고 배우고 가르치는 문화가 마련되어 있지 않고, 오히려 배타적이고 상업주의적인 문화(큰돈을 받고 자신의 노하우를 전수하는 문화)로 인해 막상 공부를 시작했다가도 그 배움을 발전시키지 못해서 시간과 노력을 헛되이 낭비하는 경우가 많다. 그런 상황이다 보니 사주명리학은 마치 굳게 닫힌 비밀의 문안에 존재하는 세계가 되는 것이다.

그래서 지금부터는 그 비밀의 문을 열 수 있는 단초들을 하나씩 제시해 보려고 한다. 누구나 쉽게 접근할 수 있고, 공부를 하면 나름대로 그 해석을 할 수 있는 눈을 가질 수 있는 방법. 어쩌면 그건 비밀의 문을 여는 열쇠와도 같은 것이다. 거대한 학문의 숲으로 들어가기 위해서 반드시 거쳐야 하는 비밀의 문을 열어야만 한다.

지금까지 공부하고 경험한 결과의 산물로서 어느 정도 검증이 가능한 부분만을 요약해서 정리하려고 했다. 이미 기초 공부가 되어 있는 상태에서 차근차근 익힌다면 나름대로 사주 해석을 할 수 있는 능력을 가질 수 있으리라고 생각한다.

앞서 이야기 했듯이 사주를 해석하고 판단하는 것은 사주가 원하는 의사를 제대로 파악하기 위함이다. 그 사주의 의사를 정확히 파악할 수 있다면, 어떤 일을 하면 잘할 수 있는가, 언제 어느 시점에서 그 뜻을 이룰 수 있는지를 밝혀낼 수 있다. 그렇다면 결국 한 사람 인생의 흥망성쇠와 인간사의 중요한 사건, 결혼, 취업, 자식, 질병, 죽음 등을 예측할 수 있는 좋은 수단이 될 수 있다. 그렇게 된다면 한 사람의 인생 전반에 걸쳐 안정적인 준비 등으로 커다란 굴곡 등을 피해갈 수 있기 때문에 아주 생산적이고도 긍정적인 결과를 가져올 수 있으리라 믿는다.

사주명리의 비밀의 문을 여는 열쇠 1

– 사주의 의사 행위와 체용 개념

体 (녹,인성,식신)	合, 沖, 生 ————————→ 천간 合, 沖, 刑, 克, 穿, 破 ————————→ 지지 묘, 合	用 (관, 재성, 상관)
수단		목적

〈의사 주공 행위〉

　한 인간의 삶을 온전히 담고 있는 사주는 그 자체가 무엇을 이루려고 하는 행동 양식으로 의사를 표현함으로써 결국은 사주가 달성하고자 하는 목표가 있다고 본다. 이것을 사주의 의사, 혹은 사주의 뜻이라고 하고, 그 의사와 뜻을 실현하는 방식을 사주의 주공이라고 말한다.

　그래서 사주를 해석하고 보는 방법으로 제일 먼저 파악할 것이 사주의 정확한 의사 행위, 즉 주공을 잘 읽어내야만 한다.

　사주의 주공을 잘 파악하는 방법으로는 첫째, 연체 확인이고 둘째, 식상의 동태를 파악하는 것이고, 셋째로 사주의 세력을 비교하여 왕한 세력이 약한 세력을 제압하려는 의사 파악을 하는 방법이다.

　그리고 여기서 사주행위로 合, 沖, 刑, 克, 破, 墓 등의 방법을 통해 사주의 뜻을 이룰 수 있도록 하고 있다. 그런데 合, 沖, 刑, 克,

破, 墓 등은 이미 널리 잘 알고 있는 사주 행위 방법이지만 지금 소개하려는 穿의 방식은 다소 생소하여 별도로 소개할까 한다.

穿(천)에 대한 해석

1. 穿의 설명 :

   육합을 방해하여 서로가 원수가 되는 상을 갖게 되어, 위해력과 살상력이 沖에 비해 상당히 큰 위력을 발휘하고, 穿은 측면에서 오는 것이라 사람이 방어하고, 피하는 것이 쉽지 않다.

2. 穿의 종류 :

   子未穿, 丑午穿, 寅巳穿, 卯辰穿, 申亥穿, 酉戌穿.

3. 穿의 발생 현상 :

   · 穿을 당하면 파괴되거나 소멸된다.
   · 穿을 당하면 성질이 바뀐다. (정통한 직업인 정인이 穿을 당하면 편성으로 바뀌어 정통한 직업이 아닌 것으로 변함/올바른 마음가짐인 식신이 穿을 당하면 편성으로 바뀌어 사기성이 농후하고 거짓말을 잘하는 사람으로 바뀐다)
   · 穿을 당하면 흉재이다.

4. 穿의 형태에 따른 설명

   · 子未穿, 卯辰穿, 酉戌穿, 丑午穿, 이 네 자기의 穿은 위해력이 크다.
   · 申亥穿, 寅巳穿은 生穿이라 그 위해력이 크지는 않으나 그렇다고 작게 보아서도 안 된다.

5. 穿의 용법

- 원국 중의 穿 : 길신이 穿을 당하면 흉이고, 흉신이 穿을 당하면 길이 된다.
- 대운이 원국을 穿 (예: 배우자 궁을 대운이 와서 穿하면 이 대운에는 결혼하기 쉽지 않다).
- 유년이 원국을 穿 : 한 해 심정이 좋지 않고 하는 일이 불리하거나 장애가 있다.

사주의 의사 행위는 주로 식신, 상관, 녹, 인성을 보고 판단하는데 경우에 따라서는 원국의 형태를 보고 판단할 수 있다. 사주명리의 의사를 확인하기 위해서는 처음으로 확인해야 할 것은 다음 세 가지이다.

(1) 연체를 확인해야 한다(체가 주공해야 하기 때문에)

간지연체 (일주가 일체이기 때문에 지지가 주공)

甲 甲 乙 乙 乙 丙 丙 丙 丁 丁 戊 己 庚 辛 辛 壬 壬 壬 癸
寅 辰 卯 亥 未 午 戌 寅 巳 未 午 巳 申 酉 丑 辰 申 子 亥

(甲辰, 壬辰은 다른 상의 조합과 같이 판단하여 연체인지 확인 필요)

일시의 연체

壬丁	甲己	丙辛
寅	戌	申
(寅木 주공)	(戌土 주공)	(申金 주공)

丙甲	戊丙	甲丙	丁丁	乙丁	丙丁	丁戊
寅	戌	午	未	巳	午	巳
(寅木 주공)	(戌土 주공)	(午火 주공)	(未土 주공)	(巳火 주공)	(午火 주공)	(巳火 주공)

戊戊	己己	己辛	庚壬	辛壬	壬癸	癸癸
午	巳	丑	子	亥	子	亥
(午火 주공)	(巳火 주공)	(丑土 주공)	(子水 주공)	(亥水 주공)	(子水 주공)	(亥水 주공)

일월의 연체

辛 己	辛 癸	辛 辛
酉	酉	酉

이상 세 가지 형태로 예를 들었지만 사주상의 연체는 여러 가지 형태로 나타날 수 있기 때문에 잘 살펴볼 필요가 있다. 사주를 읽고 이해하는데 첫 번째로 할 일이 사주 의사를 확인하기 위해서 연체를 찾아내야 한다는 것이다.

▶ 사례 연구

사례 1.

乾 庚 壬 己 戊
    子 午 未 午

· 금융권에 근무하는 직장 命.
· 연지에 戊午(관+재 : 대상) 연체된 子水가 子午沖으로 직장 다니는 命.

사례 2.

乾　| 戊 丙 乙 丁 |
　　| 子 戌 巳 酉 |

· 연체가 子水, 酉金을 포위하는 적포 구조.
· 辛丑 대운 : 제압해야할 酉金이 丙辛合으로 반국되어, 어려운 일을 겪게
　　　　　　되고 巳酉丑三合으로 金의 세력이 강해지고
　　　　　　丑戌刑 연체를 건드려 아주 힘든 경우.

(2) **식신. 상관의 동태를 파악하여 사주의 의사 확인**

식신과 상관은 사주 일간의 도구나 생각, 의지를 나타낸다. 따라서 식신과 상관의 의향을 잘 확인하여 사주의 의사를 파악할 수 있다. 대체적으로 식상의 의사는 재를 만들거나, 아니면 관살을 제압하는 행동양식으로 나타난다.

▶ 사례 연구

사례 1.

乾　| 壬 庚 庚 庚 |
　　| 午 申 辰 子 |

· 壬午 자합, 子午沖으로 午火를 제압하는 주공(申子辰三合이 응기 되면

子午冲 잘된다).
- 申, 酉 대운에 크게 발하여 벼슬하였음.

사례 2.

坤 　庚 丁 戊 己
　　戌 巳 子 巳

- 戊子 자합(상관으로 칠살 제압). 戊土로 子水를 극, 子水를 완전 제압. 子水가 庚金 원신이 제압이 안 되서 子水를 큰 재로 본다.
- 壬辰 대운은 子水가 커져 대발할 命.
- 癸巳 대운은 포국된 子水가 허투하여 사업이 폭망한 命(제압해야 할 子水가 戊癸合하여).

(3) 사주에 왕성한 세력이 약한 세력을 제압하려는 의사 확인.

乾 　辛 辛 庚 辛
　　卯 丑 子 巳

- 사주에 왕성한 金, 水 세력이 木, 火 세력을 제압하는 주공.
- 재, 관을 완전 제압, 부 명예를 함께 얻은 命.

乾　| 乙 癸 甲 壬 |
　　| 卯 巳 辰 辰 |

· 사주에 왕성한 水, 土의 세력이 木 세력을 제압하는 주공.
　癸水가 甲木이 있어 辰土와 연체, 卯辰穿으로 식신(乙卯)을 천하여 体가
　体를 穿하여 반국.

乾　| 癸 壬 壬 辛 |
　　| 卯 戌 辰 亥 |

· 辰이 戌(재고)을 잡으려 가는 命.
· 卯戌합을 辰으로 잡기가 힘들다. 戌을 열어놓아도 卯로 폐고되어 안 좋은 命.

사주명리의 비밀의 문을 여는 열쇠 2

– 고전적인 방법으로 화용 구조 및 설용 구조로 의사 행위

乾
己	己	乙	癸
巳	巳	卯	巳

· 관인 상생 命으로 공직자 命인데 천간에 인성이 없어 乙木이 화할 수 없고, 식상이 없어 제압하지 못해 사주의 병. 관직도 크지 않고 부직.
· 천간에 丙火, 丁火 있어 化用되면 격국의 수준이 높아진다.

乾
甲	庚	戊	壬
申	辰	申	申

· 壬水가 왕성한 金 기운을 설기해서 좋은데 戊土가 壬水를 극해서 설용 주공 방해와 왕성한 庚金을 戊土가 생해 戊土가 사주의 병.
· 辛亥 대운 : 토생금, 금생수 되어 좋다.
· 癸丑 대운 : 戊癸합으로 사주병 제거도 좋고, 丑 대운은 丑으로 申金 입고, 丑이 辰으로 입묘 (좋은 대운이 아니다).

사주명리의 비밀의 문을 여는 열쇠 3

– 사고파는 행위가 이루어져 재부를 얻고자 하는 의사 행위

〈 재부 형성을 하려는 의사 세 가지 〉

① 많은(가치 없는)것이 적은 (가치 있는)것으로 변화.

② 식상(아이디어, 생각) –〉재(제품)–〉 관(특허권, 영업권) –〉

　인성 (브랜드 및 상표)로 전환.

③ 재성+인성合으로 재인 방대.

乾　| 乙 庚 丙 乙 |
　　| 酉 寅 寅 卯 |

- 寅(2)이 丙火를 생하여 丙火는 관통재라 재가 크다(전화).
- 辛酉 대운 : 丙辛合, 卯酉沖으로 유전 유통.
- 庚申 대운 : 寅申沖으로 급이 높다(寅 중 丙火), 乙庚合(재인 방대).
- 己未 대운 : 寅卯가 未로 입고, 卯酉沖이 주공이 안 됨.

乾　| 丁 丙 庚 辛 |
　　| 酉 申 子 卯 |

- 申, 酉가 천간에 庚, 辛金으로 허투(허실 구조), 申, 庚金이 子水를 생해 관통재(전화)로 子水를 유통시킬 때 대발.
- 년지 辛卯(재+인성) 가게를 내서 장사하는 命.

- 乙未 대운 : 乙庚합(재인 방대), 子未천 유통.
- 甲午 대운 : 子午沖으로 유통.
- 癸巳 대운 : 子水가 癸水로 허투 (유통), 巳申합으로 대발한 命.

※ 월지가 庚子가 庚申이면 재부가 크지 않다. 연지 辛卯가 辛酉이면 가난한 명이 된다(재다신약).

坤 癸 己 乙 戊
    酉 亥 卯 寅

- 언뜻 보면 많은 재가 관으로 전화되어 사업 命처럼 보이지만, 많은 것이 변화하여 많은 것으로 변화하면 가치가 없다(많은 재 →많은 관).
- 사주의 의향은 卯酉沖으로 직장 命(亥卯합 관련성), 乙卯가 辛卯이면 돈을 잘 버는 사주가 된다.

坤 壬 戊 壬 丁
    子 辰 寅 未

- 子水(재)→寅(관)으로 전화가 재부의 급이 올라간다. 寅木(관통재) 子未 천으로 주공
- 辰土가 고가 열려있지 않고, 寅木이 반위에 있어 자기가 돈을 버는 것이 아니고 기업을 위해 돈 버는 命(辰을 子水로 바꾸면 자영업).

乾 | 壬 丙 戊 壬 |
　　| 辰 申 申 寅 |

· 壬辰(실)에서 壬寅(허)로 변화가 있어 허실 구조로 사업 命.

· 戊土로 壬水를 쳐내고, 寅申沖으로 寅에게 파는 주공.

· 壬子 대운 : 戊土가 壬水를 극해 천간 유통유전(좋다). 子 대운은 申子辰
　　　　　　으로 수가 많아져 주공이 안 되어 안 좋다.

· 癸丑 대운 : 戊癸合 申(2)이 丑으로 입묘되어 주공이 안 되어 좋지 않다.

· 甲寅 대운 : 유전되어 좋다.

사주명리의 비밀의 문을 여는 열쇠 4

- 일간 10간의 특성을 파악하여 일주의 의향을 판단

각 일주가 천간에 어떤 글자가 오느냐에 따라 좋고, 나쁨이 있기 때문에 그 특성을 파악하여 사주를 볼 때 적극적으로 활용하면 좋다. 그 글자의 영향력은 원국뿐만 아니라 대운, 세운에도 적용된다.

천간 10간에 따른 특성

천간 10간	특성
甲木	· 壬水는 좋아하고 癸水는 싫어한다. · 戊, 己土는 좋아한다. · 丙, 丁火를 배합할 때 壬水와 배합해야 고귀해진다 (목화상관배인).
乙木	· 丙, 丁火를 좋아한다. · 壬水는 좋아하고 癸水는 싫어한다. · 庚金은 좋아하고 辛金은 싫어한다.
丙火	· 허투하면 태양, 실에 앉아 있으면 불인데 허투한 태양은 지지로 내려오면 더 나쁘다. · 己土, 癸水를 두려워한다. · 壬水를 좋아하지만, 壬, 癸水 같이 출현하면 싫어한다. · 丙火는 왕하면 좋지 않다.

丁火	· 甲木을 좋아하고, 乙木을 싫어한다. · 壬水를 좋아하고, 癸水를 싫어한다. · 戊, 己土를 좋아하는데 특히 己土를 좋아한다. · 丁火는 왕해야 좋다.
戊土	· 甲木을 좋아하는데 乙木은 싫어한다. · 丙, 丁火를 좋아하는데 戊土가 왕성할 때, 丙火로 생하는 것을 싫어한다. · 토금상관배인이 되는 것이 꿈이다.(戊土가 辛酉를 만날 때 인수 배합이 꼭 필요하다.
己土	· 丙火가 오는 것을 좋아하고, 丁火를 보는 것을 두려워한다 (식신이 편인을 만나면 아주 나쁘다). · 甲木을 좋아하고, 乙木을 두려워한다.
庚金	· 水가 있어야 하고(맑아지고), 火가 있어야(담금질) 좋다. · 土가 생해 주면 좋은데 金이 강할 때 좋지 않다. · 丁火를 매우 두려워한다.

辛金	· 壬水를 좋아하고 , 壬水, 丙火로 교류하면 좋다. · 戊土는 싫어하고 己土를 좋아한다. · 허투된 辛金은 허투된 丙火와 마찬가지로 지지에 내려오면 재물, 건강에 문제가 발생한다. · 庚, 辛(비겁)이 오면 금전적으로 문제가 생긴다.
壬水	· 물은 흘러가야 하는데 土가 오면 안되고 木이 와서 물의 기운을 설기해서 흐르게 하는 것이 좋다(寅木 좋아하나, 卯木은 死地라 싫어한다). · 己土는 싫어하고 戊土는 좋다. · 戊와 庚金과 甲辰 배합을 좋아한다.
癸水	· 戊土와 甲木을 좋아하고. 辛金을 좋아한다. · 아무나 합도 잘하고 잘 숙이고 해서 좋은 사주가 많이 나온다.

사주명리의 비밀의 문을 여는 열쇠 5

– 생목과 사목의 판단

생목의 정의

· 근이 있고 물이 있을 때
· 亥, 辰은 시지, 월지, 일지에 있을 때 根도 되고, 水로 본다.
· 연지에 있을 때는 水로만 본다.
· 子水는 겨울물이라 목을 생해 주지 않아, 水로 보지 않는다
  (지지에 寅이 있을 때는 예외).
· 生木일 경우 火, 水 대운이 오면 좋고, 金 대운이 오면 안 좋다.
· 死木일 경우 金 대운이 오면 좋고, 火 水 대운이 오면 안 좋다.
· 生木의 경우는 음양간에 상호근으로 사용 가능(甲木 일주 卯木, 乙木
  일주 寅木).
※ 申金이 와서 生木일 때 卯申合으로 죽을 수도 있지만 死木일 때 卯申合
  은 본인과는 관련이 없어 죽지 않는다.

▶사례 연구

乾　己 甲 乙 癸
　　巳 子 卯 未

· 년지는 일주의 근으로 보지 않는다.
· 사목이라 卯는 근이 안된다.

· 사목이라 水를 두려워한다.

· 未土가 와서 子未천으로 기뻐한다(子 운이 오면 좋다).

乾 | 丙 甲 丁 乙 |
    | 子 午 亥 未 |

· 생목이기 때문에 亥水가 무너지면 안 좋다.

· 대운에 子水(인성:권력)를 제압하고, 亥水로 生하는 상황으로 가야 좋다(午, 未 대운이 좋다).

사주명리의 비밀의 문을 여는 열쇠 6

- 상관격의 종류

(1) 금수상관격

· 관을 보는 것을 기뻐하고. 인을 보는 것을 두려워한다.

· 상관이 관을 제압하는 구조가 많다(관이 상관을 제하는 구조도 있다).

```
          甲 辛 己 己
乾       
          午 亥 巳 卯
```

· 辛亥 일주는 己土가 있으면 亥水를 제압해도 된다.
· 관으로 상관을 제압하는 구조(관료들이 이 사람에 주변에 있다는 것으로 당관 命).
· 乙丑, 甲子, 癸亥 대운 큰 관직에 있다(포국이 도위되는 것을 좋아한다. 亥, 子가 도위).
· 壬戌 대운 : 亥水가 壬水로 허투, 관직을 잃는다.

(2)토금상관격

· 인성을 보는 것을 기뻐하고, 관을 보는 것을 두려워하며 살을 기뻐한다.
· 인성이 상관을 제압해도 좋고, 상관이 인수를 제압해도 좋다.
· 상관이 根을 만날 때와 상관이 관살을 제압할 때 운이 좋다.

```
乾    戊 戊 戊 丁
      午 申 申 酉
```

- 전형적인 토금상관배인 命.
- 甲辰 대운 : 발복 (상관이 왕성해서)
- 癸卯, 壬寅 대운 : 토금상관은 원국에 관이 있으면 흉하지만, 대운에서 오면 상관이 할 일이 생겨 좋다.
- 辛丑 대운 : 丑午천(체를 천해서)으로 사망.

(3) 수목상관격

- 재, 관을 보는 것을 기뻐하고, 인성을 보는 것을 두려워한다.
- 壬水가 乙木을 보는 것보다 癸水가 甲木을 보는 것을 더 쳐준다(乙木 보는 것은 재를 쫓아가고, 甲木을 보는 것은 관직을 추구한다).

```
乾    甲 癸 壬 壬
      寅 卯 寅 午
```

- 癸水가 甲木을 만난 상.
- 午卯破(법을 파헤진다). 午火는 재관으로 다른 사람의 재를 파함(검찰이 하는 일).
- 戊申 대운 : 戊癸合으로 검찰장을 지냄. 寅申沖 상관을 깨서 안 좋다.

(4) 목화상관격

· 生, 死木은 모두 목화상관배인되면 좋다.

· 巳亥沖은 상관결이 안 되고, 午亥合은 상관결이 된다.

· 인성이 받쳐 주고, 상관을 쓰는 구조로 가야한다.

坤　　丁 甲 丁 癸
　　　卯 子 巳 卯

· 甲子 일주는 子水(인성)제압하는 것이 좋다(子未穿하면 좋다).

· 상관이 힘이 있어야 한다. 상관이 인성 제압(권리로 공직, 직장), 인성이 상관을 제압하면(재무관련 공직).

· 未 대운 : 子未穿으로 좋다.

· 申 대운 : 子水를 生하여 좋다.

· 酉 대운 : 子水를 生하지 못해 좋지 않다.

(5) 화토상관격

· 살을 기뻐하고, 관을 꺼린다. 재가 투간하면 상관의 기운을 설기하여 상관결이 안 된다.

· 화토상관격이 되면 부귀가 크다.

乾　　己 丙 己 壬
　　　丑 戌 酉 午

· 화토 상관이 칠살을 보고 포국이라 대학교 교수 命.

· 壬水 칠살이 년에 있어 국제적으로 명성이 높다.

사주명리의 비밀의 문을 여는 열쇠 7

– 포국(포위하여 목적을 달성하는)으로 의사 행위

일반 전통 명리에서는 언급되지 않는 개념인데 사주에서 상법의 개념에서 나온 것으로 사주 안의 글자를 포위해서 존귀하고, 받들어지는 형태가 되어 사주 원국에서 사주의 의사를 표현하는 하나의 주공 방식이 된다.

예를 들어 직장을 다니는 사람일 경우 관을 포국하든지 인성을 포국하는 형태가 사주의 의사를 표현하는 방법이 된다. 이러한 포국 사주는 포국이 무너지면 안 된다. 그 때는 포국으로 사주의 뜻하는 바를 잃게 되어 그 기능을 상실, 직장을 다닐 경우 직장을 퇴직하는 형태로 나타나게 된다. 또한 포국의 여하에 따라 사주가 크게 다른 경우가 있다. 포국 해석의 중요성과 사주 해석 시 포국 여하에 따라 다른 삶을 사는 경우를 사례로 들어 설명해 보겠다.

사례 1. 포국이 안 되는 命

乾　| 庚 丁 甲 丙 |　40 30 20 10
　　| 戌 酉 午 午 |　戊 丁 丙 乙
　　　　　　　　　　戌 酉 申 未

- 午酉破로 포국이 안 된다.
- 한평생 안정적인 혼인이 없다(午酉破 2번, 酉戌천 1번). 세 번 이혼.
- 돈을 벌어오면 午酉破로 파재하여 한평생 가난하다.

사례 2. 포국이 되는 命

乾 | 庚 丁 庚 甲 | 甲癸壬辛
    | 戌 酉 午 午 | 戌酉申未

· 庚戌. 庚午로 포국이 된 형상이다.

· 年의 甲을 배합해서 공무원 命.

· 이혼은 안했고, 부인의 건강이 좋지 않다(포국으로 궁성을 보호).

사례 3.

乾 | 癸 辛 壬 庚 | 丁丙乙甲癸
    | 巳 酉 午 申 | 亥戌酉申未

· 관살 포국이 안되고, 巳火는 제압이 되는데 午火는 제압이 안돼서, 午酉 破가 사주의 병.

· 丁亥 대운 : 申亥천으로 체와 체가 천(자살)으로 패가 망신.

乾 | 甲 辛 壬 庚 | 丁丙乙甲癸
    | 午 酉 午 申 | 亥戌酉申未

· 관살 포국, 壬午 자합으로 午火를 잡고 싶어하는데, 대운에서 亥, 子 , 丑 이 와서 午火를 완전히 제압하여 벼슬을 하고 일생 동안 어려움이 없었다.

· **포국의 중요한 형태 사례**

포국의 형태는 여러 가지가 있지만 여기서는 포국의 중요한 형태 몇 가지를 소개하려고 한다.

乾　戊 戊 戊 戊
　　午 子 午 申

- 戊子 자합하고 午火 인성으로 子水(재)를 포국한 命(재성 포국).
- 申 대운 戊辰년 등과 : 甲子辰三合, 포국된 子水가 커져 포국 주공으로 좋은 운(포국이 되었을 때 포국 안에 글자가 커질 때 좋다).
- 壬戌 대운 : 포국된 子水가 허투, 포국이 무너지고 戊 일주 戊午가 戌로 입묘, 포국이 무너진다.

乾　庚 甲 己 丁
　　辰 子 酉 卯

- 목화상관 배인이고(배인 命이 丁火가 허투해서 안되는데 운에서 巳, 午, 未가 와서 상관배인 命이 됨), 甲子 일주, 인성을 포국하고 庚辰, 己酉 권력과 재력을 갖춘 사람들이 항상 주위에 있는 命.
- 년의 겁제를 卯酉沖으로 제압하여 독식하는 命(卯辰천 주공).
- 巳 대운 癸卯年부터 甲辰 대운, 癸卯 대운 까지 포철회장 역임.
- 巳 대운 癸卯年 : 丁火가 허투했는데 巳火가 와서 목화상관 배인 命이 됨. 卯辰穿 주공.
- 甲辰 대운 : 卯辰穿 주공, 癸卯 대운 : 卯辰穿 주공.

乾　| 丁 戊 辛 丙 |
　　| 巳 寅 丑 午 |

· 인성이 관을 포국한 命(관료 命).
· 토금 상관배인명으로 식상 대운으로 가면 좋은데 木火 운으로 가서 진급이 빠르지 못해 격이 높지 않은 命.
· 丙이나 辛金이 도위하면 진급한다.

乾　| 乙 丙 壬 壬 |
　　| 未 子 寅 申 |

· 寅申冲으로 금융회사에 근무하는 命으로 子水 관을 포국하여 귀하다.
· 壬寅(허)과 壬申(실)은 교환의 상(허실 구조)으로 고객의 돈을 움직이는 상을 나타낸다.
· 申(재)이 子水(관)으로 전화되어 큰 돈을 子未천으로 관리하는 업무를 하고 있는 사람이다.

坤　| 戊 戊 戊 辛 |
　　| 午 申 戌 亥 |

· 명성황후 命으로 인성이 식상을 포국, 식신을 인성으로 포국하여 귀한 命이 되었다.
· 庚子 대운 : 子 대운 권력을 잡았으니 申金이 설기되어 권력이 크지는 않다.
· 辛丑 대운 : 포국된 申金이 왕성해져 권력이 크다.
· 壬寅 대운 : 乙未年 살해됨(申 中 壬水가 허투되고 申金이 절되어 죽음).

윗 命들처럼 포국이 되어 좋은 命도 있지만 포국인데도 좋지 않은 포국과, 흉신 포국도 있어서 세심하게 살펴볼 필요가 있다. 그것 역시 사례를 들어 살펴보겠다.

사례 1.

坤　丙 己 辛 壬
　　寅 未 亥 寅

- 포국 반국이 되어 포국이 안되는 命.
- 丙寅(寅木이 丙火를 生), 壬寅(壬水가 寅木을 生), 천간은 丙壬沖으로 포국이 안된다(포국 반국).
- 寅木은 未에서 나와 다리인데 한쪽인 寅亥合으로 균형이 깨져 한쪽 다리를 전다.
- 壬寅은 돈 가진 남자가 未고로 들어오는 모양으로 돈 받고 몸 파는 命.

사례 2.

坤　癸 戊 癸 辛
　　丑 戌 巳 酉

- 丑이 흉신으로 丑戌刑으로 흉신 포국.
- 未 대운에는 丑未沖으로 큰 재가 유통되어 발재.
- 丙申 대운 己丑年에는 丙辛合 흉신포국이 응기. 丑戌刑으로 반국이 되어 사형 판결. 辛卯年에 20년 형으로 감형(丑, 酉가 辛金으로 허투. 흉신 포국이 도망).

사주명리의 비밀의 문을 여는 열쇠 8

- 일주론

지금까지 사주 원국을 보고 사주의 여러 가지 의사 행위의 표현 방식에 따라 사주가 추구하고자 하는 뜻을 파악하는 방법을 알아보았다. 일반적인 사주에 적용하여 그 사주의 비밀을 풀면 된다. 그런데 지금부터는 사주의 근간이 되는 일주가 어떤 일주이냐에 따라 사주 해석을 할 때 다른 일주와 달리 해석해야 하는 경우가 많다. 일주가 60甲子로 이루어져 있어 각각의 일주가 갖는 특성과 다른 일주와는 달리 해석해야 하는 비밀이 있다. 그래서 사주의 비밀을 풀 때 이러한 부분을 간과하고, 알지 못하면 사주 해석에 상당한 오류가 발생한다.

예를 들어 甲申 일주의 경우에는 死木일 경우는 문제없지만 生木일 경우 좋지 않은 사주가 되는 것. 癸酉 일주가 酉金이 제압되면 좋지만 제압이 안 되면 좋은 명이 될 수 없고, 壬辰 일주의 경우 재가 있어야 좋은 명이 되는 등, 각각의 일주만의 고유 특성들이 있어 60甲子의 전체 일주를 살펴봄으로서 사주 해석의 비밀을 제대로 풀 수 있는 열쇠를 갖게 된다. 지금부터는 천간 10간과 60甲子의 특성과 사례를 통해 사주명리의 비밀의 문을 열어 보자.

■ 甲木 일주

- 甲木은 辛金을 두려워하고 庚金을 좋아한다.
- 甲木은 壬水를 좋아하고 癸水를 싫어한다.
- 甲木은 戊土와 己土를 좋아한다.
- 甲木, 乙木의 꿈은 목화상관배인이 되는 것이다(丙火, 丁火를 배합하고 壬水를 배합).
- 甲木, 乙木은 감명시 生木과 死木의 구분이 필요하다.
  ① 生木(근이 있고 水가 있을 때, 子水는 겨울물이라 생해 주지 않아 水로 보지 않는다), 火, 水가 오면 좋고 金이 오면 나쁘다.
  ② 死木 金이 와도 상관없고 火, 水가 오면 안 좋다.

(1) 甲子 일주

- 물 위에 떠있는 死木, 지지에 亥水와 寅木을 보면 生木이 된다.
- 인성을 깔고 있어 좋은 命이 되려면 목화상관배인이 되거나, 인성 포국이 되면 좋다.
- 子水 인성을 子未穿으로 제압하면 권리를 얻을 수 있다.

乾	庚	甲	己	丁
	辰	子	酉	卯

- 박태준 命
- 丁火가 허투되어 목화상관배인이 안 되나 대운에서 火 운이 와서 목화상

- 관 배인.
- 甲子 일주 포국.
- 년월에 겁제를 제압해서 좋다(年이라 국가와 관련일로 좋다).

乾　| 甲 甲 辛 丁 |
　　| 戌 子 亥 亥 |

- 목화상관배인 命. 戌 중 丁火 허투.
- 丁亥 자합으로 반국(丁火는 나의 체, 인성이 나의 체를 괴).
- 丁未 대운에 丁亥 자합 응기(丁亥 자합으로 丁火가 辛金을 克을 못해 辛金이 甲木을 바로 克).

乾　| 壬 甲 壬 丁 |
　　| 申 子 寅 未 |

- 목화상관배인이 巳亥沖은 안 되지만 丁壬合, 午亥合은 된다.
- 丁壬合, 子未穿, 寅申沖 유통(관성이 인성으로 전화될 때 유통 가능).
- 寅木으로 왕한 인성이 흐르고 있음.
- 未土. 寅土를 사용 木土 조합 주공으로 건설, 부동산 계통 직업.
- 未土(재)가 인성을 제하면 좋은 命이 되기 때문에 未土(성)가 子水(궁)를 괴하여 혼인이 좋지 않다고 보면 안 된다.
- 土가 와서 인성을 제압하는 것이 좋다(戊戌 대운).

(2) 甲寅 일주

· 물이 있으면 生木, 물이 없으면 死木(亥水, 子水 따지지 않는다).
· 녹이 내려와 인성을 배합하면 녹배인으로 좋은 命이 되지만, 인성이 없으면 신고한 命.

```
       辛 甲 丙 丙
坤     未 寅 申 申
```

· 디자이너 命.
· 死木, 연월의 식신(기술)이 주공(甲木이 丙火를 봐서 의류일 종사).
· 命에 물이 없어 신고한 命.
· 壬辰 대운 : 대운에서 壬水가 와서 목화상관배인. 丙壬沖, 辰으로 申金을 생해 기운이 커져서 좋다.
· 辛卯 대운 : 丙辛합(흉신 제거) 卯申합으로 좋다.
· 庚寅 대운 : 제압된 申金이 庚金으로 허투, 주공이 사라져 안 좋다. 寅=丙火(허투된 丙火가 지지에 내려와 안 좋다). 寅申沖, 寅이 未로 입고(크게 파재).
· 己丑 대운 : 丑未沖으로 일주가 未로 입묘(귀묘이기 때문에 수명에 문제 생김).

```
       丙 甲 戊 庚
坤     寅 寅 寅 申
```

· 미스코리아 출신, 사주에 水가 없어 버린 팔자(녹배인이 안됨).

- 乙亥 대운 : 미스코리아 당선(녹배인).
- 甲戌 대운 : 寅戌 공합으로 火가 더욱 왕성. 死木은 火가 왕성하거나(정신질환), 물이 왕성하면 좋지 않다.
- 남자들이 많이 따르나 괴로움만 준다(나의 연체를 깨서 흉신).

坤　甲 甲 丙 丁
　　子 寅 午 巳

- 목화상관배인 命, 生木, 상관이 인성을 제하는 命.
- 상관이 인성을 제압하면 권력 부서, 인성이 상관을 제압하면 재무 관리 부서 근무할 命.
- 癸卯 대운 : 丁癸沖, 子午沖 권력 부서 근무.
- 壬寅 대운 : 丙壬沖, 子午沖.
- 辛丑 대운 : 丙辛合, 실식신과 관합(귀신과 合으로 문제 발생).

(3) 甲辰 일주

- 生木, 戌의 沖을 두려워한다.
- 卯辰穿 주공이 되면 좋다(卯가 辰을 穿, 辰이 卯를 穿해도 좋다).
- 甲이 辰을 충분히 제압하므로 辰 속으로 입묘되는 것이 많을수록 국이 크다.
- 상관만 배합되면 상관배인으로 권리가 있다(공직자 命).

乾　戊 甲 丙 癸
　　辰 辰 辰 卯

- 辰으로 卯木을 제압(年의 겁제 제압해서 공직 命). 戊癸合 재인방대.
- 未, 申이 오면 卯辰穿 주공에 문제 발생. 乙未년 : 卯木이 未로 입묘. 주공이 사라짐. 丙申년 : 卯申合절로 할 일이 없어짐.

乾　| 己 甲 辛 丙 |
　　| 巳 辰 丑 申 |

- 철도 공무원 命. 辰土 속에 들어 있는 것이 많아 좋은 命.
- 巳申合, 丙火로 申金 제압(年의 관을 제압, 공무원 命).
- 辛丑이 직장으로 丙午 대운, 丁未 대운 丑午穿, 丑未沖 직장 그만둘 수 있다.
- 식상이 관을 제압하는 주공 혹은 비겁으로 재를 제하는 주공일 경우 주식 투자로 발재하는 命.
- 아들하고 사이가 안 좋다(관살을 제압 주공).

① 〈귀는 없고 부만 있다〉

乾　| 甲 甲 丁 己 |
　　| 巳 辰 丑 申 |

② 〈가난한 命〉

乾　| 癸 甲 丁 己 |
　　| 酉 辰 丑 丑 |

③ 〈부귀가 다 있다〉

乾　| 庚 甲 丁 己 |
　　| 午 辰 丑 丑 |

- 1의 경우

  목화상관배인이 안 됨(丁火가 근이 있거나 생이 있을 때 가능).

  申, 酉 대운 : 丑土 응기, 辰으로 입묘로 좋다.

  辛未 대운 : 丑土 응기, 辛金으로 허투(유통). 丑未沖, 子未穿 주공(대발).

- 2의 경우

  癸水가 흉신이고 丁癸沖 克, 丑(2개)이 辰으로 입묘, 辰酉合 폐고.

- 3의 경우

  목화상관 배인, 丑午穿 유통.

(4) 甲午 일주

- 午 상관은 총명하고 영리하다. 그러나 인성(水)이 있어야 격을 이룬다(水가 없으면 버린 八字).
- 女命은 극부로 혼인에 문제가 있다.
- 甲午는 상하가 봉제가 되어 午火를 꾀하여도 수명에 상관없다.

乾　| 丁 甲 癸 丁 |
　　| 卯 午 卯 酉 |

- 甲午 일주 丁卯時 命으로 정신적으로 문제가 있다(午卯破로 体와 体를 破).
- 인성이 배합이 안 되어서 버린 八字.
- 반국, 정신분열증 환자.

乾
| 丙 甲 己 辛 |
| 寅 午 亥 酉 |

- 丙辛合(실식신+관합).
- 己亥 자합으로 인성이 깨져 목화상관배인이 되지 못해 좋지 않은 命.

乾
| 庚 甲 庚 壬 |
| 午 午 戌 午 |

- 목화상관배인, 상관으로 인성을 제하는 주공.
- 亥,子,丑 대운 좋다(상관으로 인성을 제압).

乾
| 丙 甲 壬 庚 |
| 寅 午 午 辰 |

- 死木, 식상이 왕해서 설기가 심해 壬水가 와서 生해 주어야 좋다.
- 丙戌 대운 : 丙壬冲(인성을 깨고), 辰戌冲. 壬水의 근이 깨쳐 반국, 모친
  (丙火), 부친(庚辰), 처(午火)에게 문제 발생
  (午火=처성, 처궁 입묘).

(5) 甲申 일주

· 보통 死木인데 生木일 경우 팔자에 문제가 있다.
· 申金이 주공을 하면 좋은데, 주공을 안 하면 의미가 없다.

乾　| 己 甲 乙 甲 |
　　| 巳 申 亥 辰 |

· 안희정 命으로 亥水로 生木.
· 목화상관배인, 巳申合 좋은데 巳亥沖으로 巳申合 주공을 방해해서 亥水가 병.
· 庚辰 대운 : 辰 속으로 亥水가 입묘, 병 제거로 좋았음.
· 辛 대운 乙亥년 : 巳申合 주공이 깨지고, 원국에 유일한 火가 꺼지고 乙辛沖, 甲木을 克, 감옥행.

乾　| 丁 甲 己 丙 |
　　| 卯 申 亥 午 |

· 生木, 목화상관배인, 인테리어 사업(甲木, 丙火를 봐서), 卯申合 주공.
· 戊辰 대운 : 卯辰穿으로 卯申合 주공 깨고, 甲己合으로 己亥 자합을 방해해서 안 좋다. 甲己合은 亥 中 甲木이 있어 다른 남자의 여자.
· 乙未年 : 午卯破로 이혼(丙午 : 부인, 己土 : 애인).

```
        辛 甲 甲 乙
乾      未 申 申 丑
```

- 丑未沖, 丑에서 辛金 허투, 乙辛沖 유통하여 사업 命.
- 壬午 대운 : 壬水가 申(2개)로 근이 있어 엄청 강함. 死木인 甲木을 생해 좋지 않다. 丑午穿이라 丑未沖이 주공이 깨져 안 좋다.
- 辛巳, 庚辰 대운 : 乙辛沖, 巳申合, 乙庚合 유통 좋다.
- 己卯 대운 : 卯申合으로 반국(沖 주공인데 合이 되어).

(6) 甲戌 일주

- 戊辰을 만나면 목화상관배인이 되어 좋다.
- 戌이 巳, 午火와 배합되어 왕성하면 卯와 합하면 유통으로 보아 좋아한다.
- 女命에 甲戌 일주는 음상관고로 어느 정도 卯, 辰으로 제압하면 좋다(그런데 두 개 다 나오면 戌이 괴되어 좋지 않다). 戌이 제압이 안되면 팔자가 안 좋다.
- 丑, 酉가 나오면 부부 관계에 문제가 있다.

```
        戊 甲 丁 庚
乾      辰 戌 亥 辰
```

- 이소룡 命으로 戌이 너무 제압을 받아 안 좋은 命(辰土 2개).
- 辰戌沖, 丁亥 자합으로 식상이 克.
- 辛卯/癸丑年 : 丁癸沖, 丑戌刑, 辰戌沖 체에 해당하는 戌, 丁火가 괴되어 사망(불이 다 꺼졌다).

乾　| 己 甲 辛 壬 |
　　| 巳 戌 亥 寅 |

· 生木, 목화상관배인(巳亥沖해도 亥水 안 깨진다). 월령 辛金→亥水를 生.
· 丙辰 대운 : 丙辛合(안 좋은 것 合). 辰戌沖으로 돈 버는데 문제없으나 巳火 허투, 巳亥沖 안되어 寅亥合이 되어 심장병(고지혈로 피가 막힘)발생.

乾　| 壬 甲 庚 乙 |
　　| 申 戌 辰 亥 |

· 辰戌沖으로 식상고, 戌이 괴되어 生木이라 戌土로 설기해야 되는데 배출이 안 되어 버린 八字(대운도 丑, 子, 亥 대운으로 흘러 안 좋다).
· 生은 넘쳐 많이 먹었는데 기를 발산할 수 없어 배출이 안 되어 좋지 않은 命.

乾　| 壬 甲 庚 丁 |
　　| 申 辰 戌 亥 |

· 목화상관배인, 生木. 인성이 상관을 제압 申金이 辰을 설기. 辰戌沖 戌이 괴되지 않음(戌이 월에 있어서).
· 火 운이 좋고, 대운도 좋아 좋은 命.

■ 乙木 일주

- 壬水 좋아하나, 癸水는 싫어함.
- 庚金 좋아하나, 辛金은 싫어함.
- 丙火, 丁火를 좋아하고, 戊土, 己土도 좋아한다.
- 甲木이 時에 오면 등라 계갑으로 좋고 乙木이 와도 도와 준다.
- 乙木의 상 : 책, 인터넷, 전달매체, 전파, 선 파동

(7) 乙丑 일주

- 生木이라 庚金을 싫어한다.
- 戊寅時가 되면 좋다(썩은 나무에 매달려 산다).
- 戌土의 刑을 두려워한다. 戌土와 같이 있으면 반드시 丑으로 주공해야 한다.
- 살고에 앉아 있어 포국이 출현할 경우 부귀하고, 丑土를 제압하면 격이 커진다.

坤　| 己 乙 丁 乙 |
　　| 卯 丑 亥 未 |

- 자희 태후 命.
- 丑을 포국, 亥卯未三合으로 丑을 완전 제압(격이 크다).
- 丑(남편) 완전 제압되고 丁亥 자합으로 남편, 아들을 극하는 命.

坤　　丙 乙 壬 己
　　　戌 丑 申 酉

- 戌로 주공해야 되는데 丑이 戌을 제압. 丙壬沖으로 반국.
- 己酉(돈 가진 남자)가 丑(여성의 성기)으로 들어오는 모양으로 직업여성 命.
- 丑戌刑으로 생식기, 자녀궁에 병이 있어 건강과 자녀에 문제.

乾　　庚 乙 己 庚
　　　辰 丑 丑 子

- 乙庚合, 子丑合으로 辰으로 입묘(지지가 천간의 뜻을 거스리지 않아 좋다).
- 庚子(子丑合 딸 2명), 庚辰(재하고 있어 아들).
- 未 대운 戊戌년 : 丑이 싫어하는 丑戌刑. 子未穿, 丑戌刑으로 -딸들이 안 좋다(지지가 천간의 뜻을 거슬러서 안 좋은 대운).

坤　　丙 乙 辛 丁
　　　戌 丑 亥 卯

- 乙丑 일주는 戌이 오면 丑이 戌을 잡는 주공을 해야 한다.
- 甲辰, 乙卯 대운 : 寅戌, 卯戌合으로 戌이 丑을 刑해서 반국, 궁이 괴되어 혼인도 못하고 몸 파는 命이 되어 안 좋다.
- 丙辰 대운 : 丙辛合, 辰戌沖 좋다.

(8) 乙卯 일주

· 연체된 녹으로 괴되면 안 된다.

· 亥水가 오면 녹배인이라 좋고, 子水는 子卯破로 안 좋다.

```
乾   庚 乙 甲 丁
     辰 卯 辰 巳
```

· 乙卯 일주 남자 命, 주의 要.
· 乙庚合, 卯辰穿으로 천간합, 지지천으로 구조에 문제(1.비겁 상관이 관에 대항 구조로 범죄자 命, 2.체와 체를 천, 命이 짧다).
· 壬寅 대운, 癸未年 : 강도 살인 혐의, 寅巳穿(나의 体를 穿).

```
乾   丁 乙 己 癸
     丑 卯 未 卯
```

· 포국, 丑未沖, 未 中 丁火로 丑을 제압 주공.
· 丑=자동차의 상=空亡=비행기. 항공기 조종사 命.
· 丑을 제압하는 주공(직장 命)되고, 丑未沖으로 유통으로 사업 命이 가능(2가지 직업가능).
· 甲寅, 乙卯 대운 : 未가 응기 되어 丑未沖.
· 癸丑 대운 丁酉年 : 丁癸沖. 丁火를 克(안 좋다), 丑 대운, 丑이 강해져 丑未沖 발재 가능.

坤　　戊 乙 甲 戊
　　　寅 卯 子 辰

- 卯辰穿으로 년에 인성고를 제압하는 주공(공직자 命), 子卯破로 卯辰천 주공 방해(사주의 병).
- 壬戌 대운 : 子水 허투, 卯戌합, 辰戌沖이 아주 좋다(대학 4년 전교 수석).
- 辛酉 대운 : 乙辛沖, 辰酉합, 卯辰穿 반국(내내 안 좋다).
- 庚申 대운 : 乙庚합, 申子辰三합으로 子卯破 응기 매우 안 좋다(고시 번번히 낙방).
- 己未 대운 : 甲己합(경쟁자 없어 좋다), 子未穿 주공(매우 좋다).

乾　　庚 乙 丙 甲
　　　辰 卯 寅 寅

- 乙庚합, 卯辰穿으로 비겁상관 관에 대항 구조인데 丙火가 강해 庚辰(관)을 완전 제압(암행어사 命).

乾　　戊 乙 丁 庚
　　　寅 卯 亥 寅

- 포국 주공, 녹배인, 生木 목화상관배인.
- 寅 중 丙火로 식상 포국으로 돈과 관련된 일을 한다.
- 寅=녹으로 보아 녹+인성(녹=재로 보아) 부자 命에 해당.

(9) 乙巳 일주

· 내 상관으로 머리가 좋고, 변화가 있는 상.

· 상관배인이 되기 힘들다(子巳절, 巳亥冲). 인성을 쓰기가 쉽지 않다.

· 포국되면 가능성이 있다.

乾 | 甲 乙 丙 己 |
　　| 申 巳 寅 巳 |

· 자폐아 命.

· 상관(火)이 너무 강하고 水가 없어 버린 命.

· 지나치게 많은 상관이 자신을 통제하는 관을 괴(상관지명으로 마음대로 사는 命).

· 癸亥 대운 : 丙癸冲, 巳亥冲, 寅巳穿 응기. 왕신충발(인성운이 와서) 발병.

乾 | 丁 乙 己 庚 |
　　| 亥 巳 丑 戌 |

· 巳亥冲으로 목화상관배인 안 된다.

· 丁亥 자합. 巳亥冲. 丑戌刑으로 관, 인성을 제압하여 직장 命.

· 甲午 대운 : 亥水가 허투 주공이 사라짐(직장을 그만둠), 午 대운 주공 잘되어 좋다.

· 巳亥冲으로 궁이 괴. 丑戌刑으로 결혼을 못함.

```
乾    甲 乙 甲 丁
      申 巳 辰 酉
```

- 처와 자식은 克하고 형제도 없는 命.
- 처성은 丁火 허투하여 처성이 될 수 없고, 辰은 甲木(겁재) 밑에 있어 내 것이 아니고, 巳火가 처성인데(巳申合, 巳酉合으로 변성), 처에 문제 발생(金으로 바뀜). 申金, 酉金이 자식성인데 겁재와 관련되어 아니고, 巳火 식신이 자식성인데 巳酉合, 巳申合으로 문제 발생.
- 甲木(형제)은 절지에 앉아 있어 형제가 없고, 甲辰은 辰酉合(형제궁이 괴되어 폐궁)으로 乙木이 괴되어 근이 사라짐으로서 甲辰은 死木.

(10) 乙未 일주

- 통근 지목으로 亥水를 배합하면 生木, 子水를 배합하면 死木(子未穿으로).
- 왕성한 丑土를 만나면 뿌리가 상해 문제가 발생.
- 子未穿(숫자 계산. 수를 다루는 직업이 많다).

```
坤    丙 乙 甲 辛
      戌 未 午 丑
```

- 다이애나 왕세자비 命으로 戌未刑, 丑未沖으로 궁이 괴(혼인이 안 좋다).
- 死木, 火가 왕하여 건조한 命.
- 戌 대운 丁丑년 사망, 丑戌未三刑. 未고를 열어 사망.

```
乾    乙 乙 甲 甲
      酉 未 戌 寅
```

· 철판구이 장사하는 命.
· 酉戌穿(재능으로 돈을 버는 命)인데 未戌刑으로 주공을 방해(사주의 병).
· 丑 대운 : 丑未沖(未土를 건드려서 안 좋다).
· 寅 대운 丙申年 : 그 해만 방송을 타서 좋았다.(丙火가 申金을 제압, 寅申沖).
· 戊寅 대운 : 戌이 허투. 寅酉절로 주공이 안 된다.
· 戊寅/丁酉 대운 : 戌土 중 丁火가 허투로 안 좋고, 寅酉절 주공이 안 되어 안 좋다.

```
乾    辛 乙 戊 癸
      巳 未 午 巳
```

· 식상 포국, 지지에 火가 많은데 水가 없어 천격(戊癸合).
· 午未合. 폐궁되어 결혼이 쉽지 않다.
· 甲寅 대운 丁卯年 : 未土가 도위, 현재 부인과 동거 시작(未 중 乙木이 있어 이혼녀).
· 癸丑 대운 乙亥年 : 대형 입시학원 사업 시작, 丁丑년 학원 폐업 부도.
· 인성+재(식상), 재+비겁 -〉 투자운이 와서 투자를 했으나 그 결과로 丑 未沖으로 실패(일지와 沖, 破, 刑-〉 실패, 합은 성공).

(11) 乙酉 일주

- 酉金이 제압되거나, 酉金이 주공하면 좋다(그렇지 않으면 배우자가 나쁘다).
- 酉金을 제복하면, 관이 크고 돈을 잘 번다.
- 무근의 乙木이 가을에 태어날 경우 火를 보면 기뻐한다.
- 록의 연체를 보는 것을 기뻐하지 않는다.

예)

乾　| 丙 乙 乙 乙 |
　　| 寅 酉 酉 卯 |

乾　| 己 乙 丙 壬 |
　　| 卯 酉 午 寅 |

- 체가 되어 寅木이 내려오면 卯木도 체가 된다(午卯破로 体가 体를 破, 반국).
- 己酉 대운 乙亥年 : 사망, 卯木 응기, 寅亥합 응기로 卯酉沖, 寅酉절(내 몸이 沖, 절되어 사망).

乾　| 丁 乙 辛 癸 |
　　| 丑 酉 酉 未 |

- 염석산 命.
- 丑에서 허투된 癸水가 丁癸沖으로 丁火를 극(가을 나무가 금을 두려워 하지 않는 이유가 사라져)해서 안 좋다. 丑未沖, 양인고 未土를 제압.
- 丙辰 대운 : 丑이 辰으로 입묘. 丑未沖 주공 사라짐.
- 巳 대운 壬午年 : 巳酉합(제압할 酉金과 합, 반국).

- 乙卯 대운 : 未로 입묘되어 丑에 제압되어 안 좋다(乙卯 대운 乙木은 내 자신이라 안 좋지만 丁卯, 癸卯 대운은 좋다).
- 甲寅 대운 : 甲木이 丁火를 생하여 좋은데 寅 대운은 丁火가 수명선으로 양생음사로 사망.

坤　| 庚 乙 丙 壬 |
　　| 辰 酉 午 戌 |

- 庚辰을 완벽하게 제압하면 공직자 命(辰酉合으로 酉金이 강해져 완전 제압이 안 됨). 이럴 경우 男命은 감옥 가는 명. 女命은 매춘부 命.
- 甲辰 대운 辛巳年 : 노래방에서 도우미로 일함. 상관만 있으면 담력이 작지만. 상관과 비겁이 오면 담력이 커진다(甲辰).

坤　| 己 乙 戊 辛 |
　　| 卯 酉 戌 酉 |

- 酉=辛酉=남편. 남편이 부자임(년의 남편은 제압이 안 되는데 −복음으로 와서 제압 가능). 酉戌穿으로 酉金이 완전 제압된 命.
- 좌하칠살 제압(남편 부유), 좌하칠살이 재한테 生 받고, 제압이 안 될 경우(남편 가난).
- 혼인 자체는 문제가 없었으나 酉戌穿으로 남편이 이혼 한 번 하고 본인과 결혼(酉戌穿 이혼의 상).

坤　| 丙 乙 丙 癸 |
　　| 子 酉 辰 丑 |

- 酉金이 제압 안 되어 남편이 무능, 남편 복이 없다.
- 庚申 대운 丙申年 : 남편 사망. 酉金 입장에서 보면 子(死지), 辰(음포태로 묘), 丑(묘), 申子辰三合으로
  子水가 왕성 辰, 丑 응기 사망.

```
乾   辛 乙 庚 壬
     巳 酉 戌 申
```

- 상관으로 巳酉合, 酉戌穿, 辛巳 자합으로 칠살 제압하는 주공(경찰, 군인에 적절한 命인데 초년 대운 辛亥. 壬子 대운으로 死木이라 안 좋다).
- 丑 대운 丁酉年 : 공황장애. 巳酉丑三合, 丑戌刑, 戌 중 丁火 허투. 戌이 깨짐. 불이 다 꺼져 공황장애.
- 巳(모친), 庚壬申(부친). 巳火 입장(모친)에서 보면 남자가 많고, 庚戌(부친)도 재를 차고 있어 여자가 많은 命. 어머니가 외유로 부모가 이혼한 命. 엄마와 함께 산다(巳酉合).

(12) 乙亥 일주

- 통근 生木(괴 되면 안 된다).
- 女命은 관의 기운을 설하여 혼인이 좋지 않다.
- 인성, 상관 재 포국은 가능하나 관성 포국은 안 된다(설기 되어서 포국이 안 된다).

```
坤   己 乙 甲 辛
     卯 亥 午 酉
```

- 태권도 도장 운영 命. 午酉破(몸으로 때우는 일, 지지 식신으로 주공—몸이 피곤, 천간 식신은 말도 잘하고, 생각으로 돈을 버는 命).
- 午火=엄마, 엄마가 자기 남편과 사이가 좋지 않다.
- 戊戌 대운 : 酉戌穿으로 돈은 잘 버나 남편과는 문제 발생(酉戌穿 ; 성, 戌로 亥水극 : 궁).

坤　| 丁 乙 庚 辛 |
　　| 丑 亥 寅 丑 |

- 포국 반국(丁丑, 辛丑)으로 丁火가 허투. 庚金, 辛金 제압이 쉽지 않고 乙庚합, 乙辛沖으로 본인이 힘들다(주차장 사업 – 丁火로 丑을 공제).
- 乙未 대운 丙申年 : 남편 중풍으로 쓰러짐(丑未沖 반국 응기).
- 丙申 대운 己亥年 : 유방암 걸림. 寅 中 丙火가 허투. 丙辛합(실식신+관합) 申亥穿, 寅申沖. 丁火가 丙火가 오면 丁火 빛이 흐려진다.

乾　| 庚 乙 丁 甲 |
　　| 辰 亥 卯 辰 |

- 목화상관배인(甲木-〉丁火 生).
- 포국 반국(庚辰, 辛辰)이라 오히려 좋아진 命. 卯辰穿으로 甲木으로 辰土를 완전 제압하여 복음으로 庚辰이 안전 제압되어 좋아진 命(포국이 되면 卯辰穿 주공이 안 된다).
- 午 대운 壬申年 : 사법고시 수석 합격. 午亥합, 丁壬합(상관 제압).

乾 | 癸 乙 己 庚 |
　　| 未 亥 卯 寅 |

· 많은 노력은 했지만 뜻을 이루지 못해 삭발 승려가 된 命.
· 亥卯未三合으로 물이 없어지고, 비겁만 왕해져 버린 八字. 生木으로 설용 주공해야 하는데 火가 없다(관이 절지에 앉아 힘들다).

■ 丙火 일주

丙火

- 태양 : 丙申, 丙子, 丙辰 일주. 허투되어 있는 丙火가 지지로 내려올 때 안 좋다.

  예) 丙寅, 丁巳, 己巳 대운처럼 丙火가 지지로 내려오면 주로 감옥을 가거나 사망운이 들어온다.

- 불 : 丙寅, 丙戌, 丙午 일주.
- 己土, 癸水를 두려워한다(己土는 구름으로 태양을 가리고, 癸水 이슬비도 시야를 가리는 것으로 안 좋다).
- 壬水를 좋아한다.
- 너무 왕해도, 너무 쇠하는 것도 좋지 않다(甲木이 천간, 지지에 하나씩까지는 괜찮은데 甲木, 寅木이 중첩되면 좋지 않다).
- 허투한 丙火는 저녁 酉時를 보면 수명이 짧다.

(13) 丙寅 일주

- 女命은 성격이 강하고 관살을 설기하여 남편을 克.
- 천간에 비겁쟁부하면 비정상적인 혼인 命으로 부부관계가 좋지 않다(천간에 비겁이 있는지 반드시 살펴봐야 한다).

坤　| 甲 丙 丁 甲 |
　　| 午 寅 丑 辰 |

- 비겁쟁부에 일지 편인 命.

- 비정상적인 혼인을 할 八字라 정상적인 부부 관계로 살려면 일지 편인을 제거해야 한다(丙寅 일주 女命은 성격이 강하다).
- 甲戌 대운(寅木이 甲木으로 허투). 결혼. 寅戌合(궁), 辰戌冲(성), 辰土= 남편(癸酉, 壬申 대운은 寅酉절, 寅申冲으로 정상적인 혼인관계 가능).
- 辛未/丙申 : 丙火의 음상관(未)가 오고 부궁 寅木 未에 입묘. 丑未冲으로 남편 사망(丑은 辰에서 나와서 丑을 부성으로 볼 수 있다). 丙辛合, 丁火가 辛金을 克(관재문). 시에 편인 丑午천으로 丑(아들), 午火(궁), 성이 궁을 천해 자식도 잘 안 되는 命.

坤　戊 丙 乙 乙
　　戌 寅 酉 巳

- 보험설계사 命. 남편은 이혼 후 다른 여자와 살고 있음(巳酉合).
- 酉戌穿으로 酉金이 남편. 寅酉절로 남자가 들어와서 살기 어려운 命. 酉(생식기, 丑에서 나온 자궁), 戌=생식기 위치. 여러 번 자궁 수술.

乾　甲 丙 丙 甲
　　午 寅 寅 子

- 甲, 寅(편인)이 많아 게으르고 겁재를 생하여 재(부인, 아버지)를 克, 자식을 설기(자식도 불효)하여 비천한 命(병화가 너무 왕하여 버린 八字).

(14) 丙辰 일주

- 辰 속으로 많이 들어오면 좋고, 丙火가 辰을 통제하고 있어 辰土가 굳이 안 열려도 좋다(관살고 위에 앉아 있어 배합이 좋으면 귀격).
- 戌의 沖을 두려워한다.
- 卯辰천 주공일 경우, 辰이 왕성하면 좋다. 辰이 약하면 성격이 좋지 않다 (거짓말을 잘한다).

乾　| 庚 丙 庚 辛 |
　　| 寅 辰 寅 未 |

- 고르바쵸프 命. 포국, 재로 인성 제압(재인 득권), 년 辛未(대상)가 辰으로 집어넣어 본인이 관리(국이 크다).
- 乙酉 대운 ; 辰酉합 포국 인동. 포국이 커져 좋다.
- 甲申 대운 : 甲木이 허투. 甲庚沖 인성 완전 제압되어 좋다, 申 대운 : 辰土를 설기해 권력 약화.
- 癸未 대운 辛未年 : 辰土에서 癸水 허투(포국이 무너짐)되어 안 좋다, 소련 해체.

坤　| 己 丙 乙 癸 |
　　| 亥 辰 卯 亥 |

- 포국, 卯辰穿 주공, 己亥 자합(음상관이 관을 제압해서 공무원 命).
- 戊午 대운 : 戊癸합, 午亥합(공무원과 결혼). 卯辰穿으로 궁이 괴되는 것을 午卯破로 괴되는 것을 방지하여 결혼 가능.

· 己未 대운 : 공무원 퇴직. 亥卯未三合으로 卯辰천으로 궁이 괴. 남편과 이혼 고려(음상관 대운). 辰이 약할 때 卯辰穿 인간성이 변하고, 식신을 천하여 우울증까지. 사주의 병. 자식성(辰土)을 천해서 결혼 7년 차까지 자식 없음.

坤　| 辛 丙 丙 丁 |
　　| 卯 辰 午 亥 |

· 비견, 쟁부에 卯辰穿으로 정인이 편인되어 혼인에 문제 있는 命(술집 마담 命).
· 丙辛合, 丁亥 자합. 午亥合 몸으로 주공(국가대표 사격 선수였음).
· 戊申 대운 : 申, 卯, 辰(차의상). 卯申合, 申辰合, 卯辰천 크게 사고.
· 己酉 대운 : 辰酉合, 卯辰천으로 돈 많이 벌었음.
· 庚戌 대운 : 丙, 丙午가 戌로 입묘, 卯戌合, 辰戌沖으로 반국으로 어렵다.

(15) 丙午 일주

· 男命에 酉金이 이웃하면 처를 극하고, 女命에 酉金을 만나면 관재문이 되어 남편을 克하기 쉽다. 그래서 丙午 일주는 부부 관계에 문제가 있다.
· 丙午 일주는 연체라 괴 되면 수명에 손상이 있다.

乾　| 庚 丙 丙 癸 |
　　| 寅 午 辰 巳 |

· 辰(관살고)이 제압되려면 亥,子,丑이 辰에서 나오는 대운이 와야 한다.

- 甲寅, 乙卯 대운 : 丙火 일주가 왕성하면 좋지 않다.
- 癸丑 대운 : 丑午천. 巳丑合, 寅丑合(재고 제압)좋다.
- 壬子, 辛亥 대운 : 발재가 크다.

坤　| 丙 丙 甲 丙 |
　　| 申 午 午 寅 |

- 재를 만나면 관재문이 되어 남편을 극하는 命.
- 申金(남편, 돈) 돈은 있을 수 있는데 부부 관계에 문제가 있다.
- 庚寅 대운 : 辛金이 허투, 寅申沖 관재문으로 부부 관계에 문제.

乾　| 庚 丙 丙 辛 |
　　| 寅 午 申 酉 |

- 丙辛合. 午酉破로 재를 제압, 유통.
- 甲午 대운 : 甲庚沖, 午酉破 주공 잘됨.
- 癸巳 대운 : 丙癸沖(관사, 몸이 안좋다). 巳申合 좋다.
- 壬辰 대운 庚子년 : 망함. 壬水가 庚. 辛金을 生을 받아 강함. 丙壬沖. 辰이 申酉金 生해 午酉破(주공이 잘 안됨). 子午沖 연체가 괴 될 경우 젊을 때는 돈이 깨지고, 늙을 때는 수명에 문제 발생.

(16) 丙申 일주

- 허투한 태양은 지지에 내려오면 좋지 않다. 건강이 좋지 않고, 파산하거나 감옥에 가게 된다(대운, 원국). 丙午, 丙寅, 乙巳 대운의 경우.

- 子水를 만나면 관통재가 되어 부자가 많다.
- 寅申沖(申金이 남편, 부인성일 경우) 외유가 있고, 卯申合이 되면 부부 관계가 좋다.

乾 辛 丙 辛 丙
    卯 申 丑 戌

- 언뜻 보면 유통 命일 수 있는데 식신이 나오면 식신으로 주공해야 해서 유통 命이 아님.
- 식신으로 丑을 제압(丑戌刑), 어둠의 사람을 식신으로 계몽하는 상.
- 선생님 상(1. 戊土 2. 辛卯 - 辛=분필, 卯=막대기, 3. 寅, 戌=문고 ,학당, 4. 식상 포국).
- 丙火 일주 辛金이 허투(말을 잘 한다).
- 辛丑=도화(남의 남자와 합한 여자를 내 여자로 만든다). 평생 도화운 왕성.
- 윗 命은 평생 나쁜 운이 없다.

坤 辛 丙 癸 丁
    卯 申 丑 未

- 丑으로 未를 제압(재로 인성 제압 : 재인득권)
- 戊午 대운 : 戊癸합(식신으로 관을 제압 : 행정 일을 한다).
- 남편이 癸丑으로 丁癸沖, 丑未沖으로 외유가 많음.
- 申金(두번째 남편), 卯申합(사이가 좋다).
- 선생님을 하다가 행정 일을 하는 命.

坤　戊 丙 己 庚
　　子 申 卯 子

- 남편과 함께 자동차 부품 사업을 하는 命.
- 子水가 관통재로 子卯破로 유통하는 命.
- 丙子, 乙亥 대운 중 子 대운, 乙 대운 사업이 잘 됨. 子卯破로 유통.
- 甲戌 대운 : 卯戌合으로 子卯破 안 되고, 戌土가 子水를 극. 포국이 깨져 안 좋다.
- 癸酉 대운 : 子水 허투, 卯酉沖, 卯申合 깨고(남편과 별거), 子卯破 안되어 사업 안됨.
- 壬申 대운 : 子, 申. 子가 壬水로 허투. 戊土로 유통. 申 대운 : 子水를 많이 생해 안 좋다. 午 대운, 未 대운 때 대발.

乾　癸 丙 辛 丙
　　巳 申 丑 午

- 도박 사이트 운영. 감옥 두 번 간 命(午 대운). 허투된 丙火가 지지로 내려온 命.
- 巳申合(녹으로 재를 잡는 命 : 리스크가 큰 투자. 도박).
- 丙午 대운 : 丑午천으로 감옥(2번).
- 부인과는(申辛丑) 사이는 좋으나 의처증이 있음. 본인이 처를 둘러싸고 있음.
- 辛丑=아들, 申=딸(丑午穿으로 성이 바뀜).

(17) 丙戌 일주

- 戌에 丙火의 근이 있어 戌을 보호해야 되고 戌로 주공을 해야 한다.
- 戌은 내 식신으로 충성스럽고 강인하다. 인성의 배치도 가능하고, 상관격이 성립되면 큰 인물이 될 수 있다.

乾
丁	丙	己	壬
酉	戌	酉	辰

- 푸틴 命. 戌로 酉戌천 丁壬합. 丁火가 戌의 근을 가지고 있어 壬辰 쓸 수 있다(관, 관의 원신 제압하는 주공).
- 현재 丙辰(61대운)으로 현재 71세. 辰 대운 반국.

〈부부 命〉

坤
壬	丙	丙	庚
辰	戌	戌	子

- 똑같은 여자 2명이 한 남자를 쳐다보는 命(비견쟁부, 양처를 거느리는 남편을 만난다).
- 庚辰 /乙未년(56대운), 乙庚합, 未戌刑으로 목이 없어짐. 간에 문제가 생겨 수술.

乾 | 戊 丙 己 庚 |
     | 戌 申 卯 子 |

· 甲申 대운(49대운) 옛날 여자를 만나 살림함. 甲庚沖, 申子合으로
  庚子(남자 있는 여자, 도화)응기.
· 申金은 부인으로 申金→)庚金으로 허투. 포국이 깨져 격이 낮고
  혼인에 문제 생김.

乾 | 己 丙 己 丙 |
     | 丑 戌 亥 午 |

· 己丑時 배합이 안 좋은 命.
· 壬寅/丁 丑년 신장이식 수술 실패. 혈액투석. 亥水(신장)가 허투. 寅午戌
  三合으로 丑, 亥水를 괴시킨다(금수 기운이 메마르고 상하면 신장이 약해
  진다).

(18) 丙子 일주

· 丙火가 허투한 상으로 癸水와 己土를 싫어한다.
· 子水가 주공해야 되고 子水가 왕하고 강하면 좋다(특히 여 命에 子水가
  괴 되거나 왕하지 않으면 과부 命, 남편 복이 없어 혼자살 수 있다).
· 인성에 포국을 당하면 관직을 할 수 있다.

사례 1.

〈子水가 왕하냐, 왕하지 않고 괴 되느냐에 따라 남편 복 여부〉

坤
| 辛 | 丙 | 己 | 癸 |
| 卯 | 子 | 未 | 卯 |

· 子水가 癸水로 허투. 음상관으로 子未천 (제2의 남편 교통사고로 사망, 전남편은 베트남으로 가서 소식 두절).

坤
| 壬 | 丙 | 庚 | 丙 |
| 辰 | 子 | 子 | 戌 |

· 남편 서울대학교 영문학과 교수
· 가정주부
· 만약에 巳, 午, 未 대운 사업했으면 대박.

〈子水가 반국으로 안 좋은 命〉

坤
| 庚 | 丙 | 戊 | 戊 |
| 寅 | 子 | 午 | 申 |

· 관이 반국
· 甲子 대운 : 寅木이 허투, 甲木이 戊土 克(연체극). 甲庚沖, 子午沖(천중지충) 뇌출혈로 의식불명.

坤　　戊 戊 戊 戊
　　　午 子 巳 申

- 재가 반국(戊土가 生→申金이 生→子水)
- 평생 가난하다(재가 반국). 인성(기계)를 써서 일 한다.

坤　　己 丙 戊 庚
　　　亥 子 子 子

- 궁성이 많아 다혼 命. 己亥 자합. 戊子 자합(관살 제압 주공).
- 癸未 대운 : 子水가 허투. 子未穿(첫 남편 사망).
- 두 번째 남편은 이혼 후 사망.
- 세 번째 동거남 죽을까 전전긍긍.
- 여 命에 己亥 자합되어 있는 命(음 상관), 남자가 버틸 수가 없다.

乾　　己 丙 己 丙
　　　亥 子 亥 戌

- 丙午 대운 戊戌년 사망
- 子午沖(말년에 녹이 내려와 연체가 괴).

■ 丁火 일주

· 甲木과 壬水를 좋아하고, 乙木과 癸水를 싫어한다.
· 戊土, 己土를 다 좋아하는데 특히 己土를 좋아한다(丁火에 己土를 배합하면 책을 읽는 상).
※ 己土는 丁火를 싫어한다.
· 丙火는 丁火의 불빛을 빼앗아 간다(丁火가 2개면 丙火의 빛을 빼앗는다).
· 丁火는 왕성해야 좋다(丙火는 왕성하면 안 좋다). 丁火는 밤하늘의 수많은 별이다. 丁火는 약해도 빛이라 상관없다.

(19) 丁卯 일주

· 卯木은 편인으로 제압을 당하던지, 주공을 하면 좋다(주공을 안 하고, 제압되지 않으면 흉신이다).
· 女命은 편인으로 관살을 설해서 혼인에 문제가 된다(卯木 제압이 안 되면 정상적인 혼인에 문제가 많다).

乾	甲	丁	壬	丁		50	40	30
	辰	卯	子	酉		丁未	戊申	己酉

· 卯辰穿, 卯酉沖 卯木 제압. 관성 포국. 흉신 제거로 좋은 명(申, 酉 대운 卯木 제압해서 좋다).
· 丁未 대운 : 丁壬合. 甲木이 丁火를 生해 좋다.
· 未 대운 : 卯木이 未로 입묘. 辰으로 입묘. 주공이 없어져 안 좋다(卯木을 제압하지 못해서).

※ 일반적인 命은 포국된 것이 제압되는 것이 안 좋은데, 丁卯 일주는 제압
되는 것이 좋다.

〈부부 命〉

坤　| 丙 丁 己 辛 |　　52 42 32 22
　　| 午 卯 亥 丑 |　　乙 甲 癸 壬
　　　　　　　　　　　巳 辰 卯 寅

· 비견쟁부로 일지편인인데도 정식부인으로 살고 있음(丙辛合, 午火가 己土로 己亥 자합).
· 남편한테 큰 소리 못치고 몸은 약하고 차분함. 1남 1녀. 辛丑=아들, 己土=딸(똑똑).
· 丙辛合으로 비견 쟁부는 안됨. 辰, 乙 대운: 午卯破, 卯辰穿, 卯木 허투(정식 부인 가능)
· 巳 대운 : 丙火 도위(비견 쟁부) 巳亥沖 이혼 조짐.

乾　| 丁 乙 乙 甲 |　　64 54 44 34 24
　　| 丑 酉 亥 午 |　　壬 辛 庚 己 戊
　　　　　　　　　　　午 巳 辰 卯 寅

· 가구점 하는 命(甲木이 火를 봐서).
· 丑(재)→酉(관)→亥(인성)→甲木 허투. 午亥合 유통(午火→丁火로 허투로 격이 낮음).
· 壬午 대운 : 丑午穿. 丑(부인), 午酉破로 부부 관계에 문제 생길 수 있다.

```
坤    癸 丁 丁 甲      45 35 25
      卯 卯 卯 辰      壬 癸 甲
                       戌 亥 子
```

- 44세까지 미혼, 癸亥 대운에 남자 운이 왔는데 혼인이 안 되는 命(인성이 너무 강해서 관성은 설기, 비견 쟁부 편방).
- 卯辰천 주공이 잘 되는데 癸水가 辰土에서 허투하여 丁癸沖 반국(사주의 병).

(20) 丁巳 일주

- 巳火 중 戊土(상관)가 있어 총명하고, 자신만만하고 머리 굴리기를 좋아한다.
- 丁巳는 연체로 괴되면 안 좋고, 巳火로 주공해야 한다(寅巳천하면 공부를 싫어한다).
- 丁火는 甲木이 허투하는 것을 기뻐하고 좋아한다.

```
坤    戊 丁 癸 乙      60 50 40 30 20 10
      申 巳 未 卯      己 戊 丁 丙 乙 甲
                       丑 子 亥 戌 酉 申
```

- 서울대 법대, 대학원 수석 졸업 命(甲申, 乙酉 대운, 흉신 乙卯 제거로 좋았다).
- 丙戌 대운 : 巳申합 주공이 좋은데(戊土가 申金을 生) 완전 제압이 안 되어서 공무원은 못하고 연금관리공단 입사, 戌 대운 巳火가 戌로 입묘(결혼 어려움).

· 丁亥 대운 : 巳亥沖(모친 심장이식 수술). 申亥천, 巳亥沖, 巳申合 주공
　　　　　　이 깨쳐 안 좋다(결혼하기 쉽지 않다).

坤　| 庚 丁 丁 己 |
　　| 子 巳 丑 亥 |

· 戊寅/戊申년(9세) 교통사고로 양쪽 다리 절단.
· 원국에 子(다리 위치), 巳火(다리), 亥水(다리 위치), 子巳절, 巳亥沖으로
　원국에 체현. 寅巳穿 교통사고(巳申合, 寅申沖), 巳火가 戊土로 허투.
· 壬午/丙戌년 언니와 금전 거래로 파재. 亥水, 子水가 허투, 丑午천(재고
　를 천 : 돈하고 인연이 없다). 亥水 = 남편, 己亥 자합. 巳亥沖, 丑土 克
　남편이 무능.

乾　| 甲 丁 乙 甲 |　　61 51 41
　　| 辰 巳 亥 子 |　　壬 辛 庚
　　　　　　　　　　　午 巳 辰

· 천간은 좋은데 巳亥沖으로 亥水, 子水를 잡기 어렵다.
· 庚辰 대운 : 甲庚沖으로 의지하는 것이 사라지고, 亥, 子가 辰으로 입묘.
　　　　　　巳亥沖 주공 안 됨(낙선).
· 辛巳 대운 : 巳亥沖으로 亥水를 잡기 힘들다(낙선).
· 壬午 대운 戊辰년 : 亥, 子 허투. 巳亥沖, 子午沖으로 국회의원 당선
　　　　　　　　　　(8,9,10대 총선 계속 낙선).

(21) 丁未 일주

· 丁未는 연체로 未가 괴되면 안 된다.
· 未 中 寅, 卯, 甲, 乙로 나오면 당관할 수 있다(未 중에 인성을 쓸 수 있을 때).
· 未가 刑을 당하면 혼인에 문제가 있다.

坤	壬 丁 庚 丁 寅 未 戌 未

40 30 20
甲 癸 壬
寅 丑 子

· 壬子 대운 壬申年 : 보건직 공무원(丁壬合, 子未천 공직 가능, 未에서 寅木이 나와 당관 命). 寅申沖(내체를 깨서, 그 해 결혼하고 6개월 만에 이혼).

　　※ 壬寅 연체라 申金이 오면 골치 아프다.

· 癸丑 대운 : 丁癸沖, 丑未沖으로 丑戌未三刑 7년 간 공직 그만두고. 한의사 도전 실패.

乾	乙 丁 丁 壬 巳 未 未 午

· 다산 정약용 명. 未土에 乙木이 투출(공직자 명). 丁火 일주 왕성(똑똑하다).
· 庚戌 대운 : 乙庚合, 未戌刑. 未(2)라서 戌고가 열려 불이 더 왕성.
· 辛亥 대운 : 午亥合. 亥未合(대산을 내가 쓴다).
· 壬子, 癸丑 대운 : 子午沖(녹이 깨짐), 壬午 자합 깬다(왕신충발). 丁壬合 깨고 丑未沖. 丑午穿.
· 乙卯/丙申年 사망. 午卯破, 巳火 허투, 巳申合(체가 괴).

※ 년지에 午火(녹)가 내려와 안 좋은 命.

坤	乙 丁 丙 癸 巳 未 辰 卯				41 31 辛 庚 酉 申

· 식당 운영. 비견쟁부, 卯辰穿 주공. 癸水로 허투(장사 命). 辰 中 남자가 많고, 전부 가정 있는 남자(丙火가 차고 있다).
· 庚申, 辛酉 대운 재운이 와서 여자의 마음이 열려 巳申合, 巳酉合, 외도를 하게 된다.
· 癸水가 자신의 녹을 깨서 박색(몸을 파는 命). 丁癸沖, 丙癸沖.

(22) 丁酉 일주

· 酉金이 주공해야 한다. 주공하지 않으면 쓸모가 없다.
· 午酉破, 酉戌천하면 배우자를 극하기 쉽다.

乾	庚 丁 甲 丙 戌 酉 午 午

〈혼인 안 좋은 命〉

· 겹제 포국인데(丙午) 午酉破로 포국이 안 된다.
· 평생 안정적인 혼인이 없다(세 번 이혼).
· 한평생 가난하고 돈, 부인을 남이 가져가는 命.

乾　| 庚 丁 庚 甲 |
　　| 戌 酉 午 午 |

〈혼인이 좋은 命〉

· 午火=丁火로 포국이 되어 혼인이 안정(마누라 건강이 안 좋다).
· 공무원 하다가 퇴직한 命.

乾　| 丙 丁 丁 丙 |
　　| 午 酉 酉 戌 |

· 酉(친부), 丁火(모친)가 酉戌穿으로 유복자 命(태어나기 전 해인 乙酉年에 酉戌穿으로 부친 사망). 모친은 개가하여 계부와 사는 命.
· 본인은 이혼 命이고, 돈과 부인을 남이 갖고 가는 命. 여자가 살려면 도망쳐야 할 命.

坤　| 壬 丁 壬 辛 |
　　| 寅 酉 辰 丑 |

乾　| 庚 壬 戊 己 |
　　| 子 子 辰 酉 |

· 女命이 재혼을 원하는 커플 命.
· 女命은 壬(실)-壬(허) 허실 구조. 사업 命으로 네트워크 사업으로 크게 발재.

- 戊戌 대운(51 대운) 辰戌沖으로 크게 발재. 寅戌 공합으로 화가 왕성(성욕 왕성).
- 男命은 비겁이 많아 재를 극해 여자가 들어가 살기 쉽지 않다. 丁卯 대운(1대운) 子卯破(모친 사망), 卯辰穿(부친 사망) 조실부모한 命. 비겁이 많아 남자의 정력이 좋다.

(23) 丁亥 일주

- 좌하에 정관, 정인이 있어 合, 沖하는 것을 싫어한다(合, 沖이 있으면 혼인에 문제).
- 亥 중에 甲木과 壬水가 투간해 나오면 좋다(공직자 命이 된다).

```
         戊 丁 丁 戊
坤       申 亥 巳 申
```

- 申亥穿으로 편인으로 되어(甲木정인) 비견쟁부에 편인 命이라 혼인에 문제(재포국).
- 녹과 상관이 연결(녹상홍연), 연애사가 많고 예쁘게 생겼다.
- 寅 대운에 이혼했음(丁亥 일주 女命은 寅 대운에 많이 이혼).
- 巳申合의 의미 1.유부남 2.녹+申합(자기 마음은 이 남자에게만 있다).

```
         辛 丁 甲 乙
坤       亥 亥 申 卯
```

- 亥水(2개)가 甲木 허투(남편의 시누이로부터 도움을 받는다). 亥水(2개)

가 乙卯(흉신)를 생해서 남편이 능력이 없고, 장사를 해보려고 해도 잘 안 된다(안 좋은 것을 생해 유통 구조가 안 되는 命).

· 편인+정인-)편인이 많아 인간성이 안 좋고, 어떻게 하면 남의 돈은 공짜로 쓸 수 있을까 하는 생각밖에 없다(식상을 극해 공부도 못함).

乾 乙 丁 己 乙
    巳 亥 卯 巳

坤 壬 辛 丙 己
    辰 未 寅 酉

· 부부 命인데 부인이 본인 일을 가지고 일을 하면 남편은 안 좋아지고, 남편이 구속되어 이혼할 수 있는 命.
· 男命(흉신포국). 巳火가 亥水를 잡는 주공인데, 亥水가 卯(흉신)를 생해 일을 해도 좋은 결과를 만들기 쉽지 않다.
· 戌 대운 己亥年 : 연체가 다 들어가 감옥. 巳亥沖 흉신포국 응기. 연체극, 亥水가 卯를 生, 巳火(비겁), 亥(관사).

※ 비겁하고 관살이 沖하면 관사가 일어난다.

· 女命(사회적 기업 대표). 辛未 일주가 혼인하기 쉽지 않은데 辰土로 폐물. 재활용하며 혼인 가능. 丙壬沖(부인의 상관이 丙火를 극 : 일을 하면 남편이 안 좋다).
· 辛未/ 己亥年 남편 구속(丙寅=남편, 未=남편의 고, 寅亥합).
· 壬申 대운 : 丙壬沖, 寅申沖, 남편과 이혼.

(24) 丁丑 일주

- 좌하가 식신과 재고인데 沖은 기뻐하는데, 刑은 기뻐하지 않는다(刑일 때 혼인이 쉽게 괴한다. 丑고가 열리지 않으면 구두쇠다).
- 丑은 음의 고, 丁火는 신비의 성으로 역경이나 중의하는 사람이 많다.

坤　| 庚 丁 庚 己 |
　　| 戌 丑 午 酉 |

- 재포국(포양조합). 丑戌刑으로 돈 버는 命.
- 女命에 녹, 식상으로 재를 얻는 命은 몸 파는 命.

〈직장 다니다 사업하는 命〉

乾　| 癸 丁 丙 辛 |　　57 47 37 27 17
　　| 丑 丑 甲 酉 |　　庚 辛 壬 癸 甲
　　　　　　　　　　　寅 卯 辰 巳 午

- 파출소 소장 명.
- 癸巳 대운 : 巳 대운 경찰(丙辛合).
- 壬辰 대운 : 丙辛合 주공 깨고, 卯辰천으로 유통구조로 돈 벌러 감.
- 辛卯, 庚寅 대운: 申, 酉 허투 유통.

乾　| 庚 丁 癸 壬 |　　61 51 41 31 21 11
　　| 戌 丑 卯 辰 |　　庚 己 戊 丁 丙 乙
　　　　　　　　　　　戌 酉 申 未 午 巳

· 卯辰穿(申, 酉가 丑으로 들어가서 辰으로 들어감)으로 직장 다니다가
  (임진이 대상)丑戌刑으로 돈 벌러 가는 命.
· 未 대운 : 직장 생활(卯辰穿 주공).
· 申. 酉 대운 : 사업(丑이 응기, 丑戌刑).
· 庚 대운 : 癸水를 生해 안 좋고, 庚戌 대운 戊戌年 丑고 열어 丁火가
  입묘로 사망.

乾 | 庚 丁 戊 戊 |
    | 戌 丑 午 申 |

· 은행원 命. 丑戌刑으로 돈을 버는데 丑(부인)이 몸이 안 좋다.
· 甲子 대운 戊戌년 부인 자궁 수술.
· 丑戌刑, 丑午穿으로 아들을 낳기 어렵고(丑이 괴를 당해), 안 낳기를 잘
  했다. 申金(딸)만 있다.

■ 戊土 일주

· 戊土는 甲木은 좋아하고 乙木을 싫어한다.
· 戊土는 丙火. 丁火를 좋아한다.
· 戊土는 허할 때 丙火가 生하는 것을 좋아하고 왕성할 때는 生하는 것을 싫어한다.
· 辛, 酉金을 만나 土金상관 성립 시 인수 배합이 꼭 필요하다. 庚金, 申金을 만날 때는 인수를 배합이 관계없다.

(25) 戊辰 일주

· 戊辰은 戌에 沖 당하면 안 좋다(돈이 없다/ 건강 문제/ 혼인 문제).
· 戊辰은 건조하면 水를 기뻐하고 습하면 火를 보는 것을 좋아한다.
· 상관 견관을 싫어한다(卯酉沖을 싫어한다).

〈비슷하나 완전히 다른 命〉

乾   戊 戊 戊 壬
     午 辰 申 寅

· 토금상관배인명(공직자 命). 寅午합으로 壬寅 대상을 내가 쓴다.
· 壬子 대운 : 申子辰三합으로 재가 커졌다(재운이 오면 좋다, 戊가 3개라 제압 가능).
· 癸丑 대운 : 戊癸합 丑이 辰으로 입묘. 포국이 커져 좋다.

乾　| 戊 戊 甲 戊 |
　　| 午 辰 子 寅 |

· 공직자 관계 없는 장사 命. 재를 포국. 子午沖(午火 체를 沖)안 좋다.

· 子水가 寅木을 생. 寅木이 甲木으로 허투. 허실 구조로 장사 命.

· 寅木을 쳐내면 돈을 번다.

· 己巳 대운, 庚午 대운 : 甲己合(좋다), 甲庚沖(좋다)

坤　| 壬 戊 癸 壬 |　　56 46 36 26
　　| 戌 辰 丑 寅 |　　丁 戊 己 庚
　　　　　　　　　　　　未 申 酉 戌

· 辰戌沖으로 혼인이 안 좋고 재물도 없다.

· 庚戌 대운 : 이혼

· 己酉, 戊申 대운 : 포국 인동으로 좋다.

· 丁未 대운 : 丑戌未三刑으로 어렵다.

· 辰으로 戌을 沖해야 좋다.

乾　| 甲 戊 甲 丁 |　　57 47 37 27 17 07
　　| 寅 辰 辰 酉 |　　戊 己 庚 辛 壬 癸
　　　　　　　　　　　　戌 亥 子 丑 寅 卯

· 甲寅=큰 재물(본인의 재산), 甲辰의 甲은 아버지로써 아버지의 재산.

· 辰辰(재)-〉甲木(관)으로 전화되어 甲木은 큰 재(아버지가 돈이 많고, 복음으로 내가 유산 받음).

· 庚子 대운 : 甲庚沖 제압, 辰에서 나온 子水가 寅木을 생해 아주 좋다

(甲寅이 큰 재일 때 1.생할 때 2.제압할 때 좋다),
- 己亥 대운 : 甲己合(겁재가 합해서) 안 좋고, 寅木을 亥水가 生해서 좋다.
- 戊戌 대운 : 辰戌沖으로 안 좋을 수 있으나 辰(2)이라서 재물에 문제없다, 간에 병이 걸림. 酉戌穿으로 형제들과 관사 발생(비겁이 상관을 穿).

(26) 戊午 일주

- 午火에 통근하여 괴되면 안 된다.
- 午火가 포국되면 인성 포국으로 공직이 된다.
- 午火가 포국이 되면 혼인에 문제가 없지만 포국이 안되면 혼인이 괴되기 쉽다.

乾　丁 戊 丙 己　08
　　巳 午 寅 巳　乙
　　　　　　　 丑

- 13세를 넘기지 못할 命
- 사주 자체가 전부 연체.
- 乙丑/戊寅年 寅巳穿 응기로(体와 体가 穿) 차 사고로 사망, 丙=눈, 寅=머리, 한쪽 눈이 없다.

乾　丙 戊 辛 辛
　　辰 午 卯 丑

- 丙申合, 음양교류, 풍수를 잘한다. 卯辰穿, 막노동 상(전기 공사).
- 卯辰穿으로 부친 사망, 간이 안 좋다(辛金이 卯木을 제압, 卯木의 원신

이 없다).
- 丙戌 대운 : 戌 대운 사업하다 망함. 丑戌刑, 辰戌沖 포국을 깨서 안 좋다.
- 午火 포국으로 직장 命인데 사업할 팔자가 아님.
- 乙酉 대운 丁酉年 : 乙木이 허투(돈벌이는 좋다). 卯酉沖으로 관사 발생. 午酉破, 丑午穿, 辰酉合, 卯辰穿 교통사고(차는 완전히 망가졌으나 사람은 안 다침).

〈부부 命, 남편이 사망한 命〉

乾　乙 戊 辛 辛
　　卯 午 卯 卯

- 戊子/甲子年 사망. 흉신 포국으로 子午沖(연체를 괴) 사망.

坤　壬 戊 己 庚
　　戌 午 卯 寅

- 丙子/甲子, 寅木(남편)이 허투. 子午沖으로 寅午합 관계를 끊음.

(27) 戊申 일주

- 내 식신으로 인성 포국이 되면 격이 크다.
- 효신을 만나는 것을 두려워한다(巳申合, 효신탈식).
- 寅巳申三刑을 두려워한다(건강 및 혼인에 문제).

坤　| 戊 戊 戊 辛 |
　　| 午 申 戌 亥 |

· 명성황후 命. 인성 포국으로 격이 높다.
· 庚子 대운 : 申金 허투(권리가 크지 않다). 子午沖(申金 설기되어 완전한 권력이 아님).
· 辛丑 대운 : 상관운으로 좋다,
· 壬寅 대운 乙未年 : 살해 당함. 申金의 壬水가 허투. 申金이 寅木이 와서 절되고. 戌未刑으로 戌고가 열려 연체가 입묘되어 사망.

乾　| 丁 戊 戊 乙 |　74 64 54 44 34 24 14 04
　　| 巳 申 寅 未 |　庚 辛 壬 癸 甲 乙 丙 丁
　　　　　　　　　　午 未 申 酉 戌 亥 子 丑

· 가족 : 寅=아버지, 아들. 乙未=딸, 申金=부인.
· 丁丑 대운 : 丑未沖으로 고가 열려 부친 사망.
· 丙子 대운 : 子未穿.
· 乙亥 대운 : 巳亥沖, 申亥穿.
· 甲戌 대운 : 寅木 허투. 未戌刑(丙子, 乙亥, 甲戌 3개 대운 안 좋다).
· 癸酉, 壬申 대운 : 상관운이라 좋은데, 申 대운은 寅巳申三刑으로 아들이 안 좋다(寅巳穿, 성이 궁을 穿, 寅申沖). 부인은 늘 아프다. 辛 대운은 상관운이라 본인은 좋은데 乙辛沖으로 딸이 안 좋다.

乾　| 戊 戊 壬 癸 |
　　| 午 申 戌 卯 |

- 인성 포국으로 공직자 命인데 申金이 壬水로 허투로 격이 떨어진다.
- 辛酉, 庚申 대운 : 상관운이라 공부도 잘하고 기대가 큰 아들이었음(卯申合으로 학생 운동으로 감옥). 실식신+관합.

乾　| 癸 戊 壬 丁 |
　　| 丑 申 寅 巳 |

- 식신이 관을 제압하는 주공.
- 申金 중 壬水가 허투 丁壬合, 천간合, 지지冲으로 상하 반국(명이 짧고, 범죄자, 가난한 命).
- 庚子/乙亥年 : 巳亥冲, 寅亥合. 癸丑=감옥상, 寅巳申三刑 응기(감옥).

(28) 戊戌 일주

- 戊戌 일주는 사막이라 水가 없으면 나쁜 命(물이 있어야 나무를 심을 수 있다. 직장, 재물, 여자, 자식도 없고 혼인도 없다). 亥, 子, 辰이 있으면 좋고, 丑(癸丑)도 좋다.
- 丑戌刑을 두려워하고 酉, 丑을 싫어한다(반국이 되거나 감옥 간다). 辰의 冲은 좋아한다. 丑이 부인이면 부인을 무서워한다(외도를 하는 남자가 많다).
- 좌하 인수고로 포국이 형성되면 당관하기 쉽다.

乾   癸 戊 丙 癸
      丑 戌 辰 卯

· 돈을 탐하다가 감옥에 가는 命.
· 천간은 戊癸合으로 제압이 되는데 지지는 丑戌刑, 辰戌沖, 卯戌合으로 제압 당해서 상하 반국.
· 관살이 개입된 반국 → 감옥 가고, 재가 개입된 반국 → 돈이 없다.
· 壬子 대운 : 丙壬沖. 子卯破(관에 대항), 丑戌刑, 辰戌沖으로 반국. 불이 꺼져 감옥에 간다.

乾   甲 戊 庚 壬
      寅 戌 戌 寅

· 壬水가 寅木에 설기되어 물이 없는 八字.
· 寅戌이 공합되어 木이 다 타버려 재가 되어 자식도 안 되고 재물 운도 없다.

乾   壬 戊 己 丙
      戌 戌 亥 午

〈피자집 재료 납품상〉

· 포국이 괴(亥水가 壬水로 허투), 재물(여자)을 주위에서 다 뜯어간다. 亥水를 겁제가 차고 있다.
· 癸卯 대운 : 亥水가 卯木을 生(큰 재), 卯戌合으로 유통(대발).

- 甲辰 대운 : 甲己合. 겁제와 합으로 이혼하고 파재함.

```
乾    壬 戊 己 丁      65 55 45 35 25
      子 戌 酉 酉      壬 癸 甲 乙 丙
                      寅 卯 辰 巳 午
```

〈25년 직장 생활. 사업으로 대발, 주식투자로 파재〉

- 酉戌천(유통)사업 命, 丁火가 酉金을 제하여 직장 命이 다 된다. 巳, 午 대운 직장.
- 甲辰 대운 : 甲己合(유통). 壬. 子, 酉(2개)가 辰으로 입묘. 많은 재가 유통되어 좋다.
- 癸卯 대운 甲午년 : 주식 투자 卯戌합으로 酉戌천 주공 깨고, 卯酉冲 (상관견관) 子午冲. 午酉破로 午火가 괴. 午火=인성=주식.

(29) 戊子 일주

- 천지가 상합하여 子水가 괴 되면 안 된다(子水는 주공의 참여가 쉽지 않다).
- 남자 命은 정궁, 정성이라 子水가 괴 되면 혼인에 문제가 된다.
- 戊子 일주는 식상이 있을 때 똑똑한 사람, 부자가 많다(상관배인은 안 된다).

```
乾    己 戊 壬 甲
      未 子 申 辰
```

- 등소평 命으로 甲己合. 子未천으로 재를 잡는 주공(이런 命이 국가 지도자가 되면 나라가 부강해진다). 辰이 申金을 生, 申金이 子水를 生(子水는 큰 재).
- 庚辰 대운(75대운) : 甲庚冲. 申子辰三合. 子未穿 가장 좋은 운.

- 己卯 대운(65대운) : 子未穿 주공인데 卯申合으로 반국(卯가 未에서 나왔기 때문에 穿 주공인데 合 주공으로 반국)으로 감옥에 감. 甲=아들. 甲己合(甲 ,己土)해서 未로 입묘. 子未穿으로 큰 아들이 장애가 있음.

坤　辛 戊 丁 己
　　酉 子 丑 卯

- 戊子 일주가 식상이 있을 때 똑똑한 命의 사례에 해당.
- 己卯 대운 丁酉년 : 서울대, 연세대, 고려대 합격.
- 庚辰 대운 (21대운), 辛巳 대운(31대운) : 庚, 辛 대운(상관) 좋다. 卯辰 천 주공되어 좋다(재물도 좋다).
- 巳 대운 : 巳火(녹) 巳酉丑三合, 子巳절(수명에 문제), 子水=정궁, 정성, 子丑合(겁제와 합으로 혼인에 문제).

乾　丁 戊 辛 丁
　　巳 子 亥 酉

- 고승덕 命으로 고시 3관왕으로 판사, 고위 공무원으로 봉사할 것이라 생각했는데 토금 상관배인 命이 재가 있어 격이 안 좋아진 경우(상관이 재를 생해 돈으로 가는 命).
- 己酉 대운(11대운), 戊申 대운(21대운) : 戊子 일주는 상관운이 오면 매우 똑똑하다.
- 午 대운 癸未年 이혼, 1처=辛亥, 巳亥沖 주공인데 午亥合으로 반국(午

중 己土가 亥水를 합해감).
· 午 대운/甲申年 재혼 2처=子水, 申金이 子水 인동(궁,성).

(30) 戊寅 일주

· 戊寅은 선생이 되기 쉽다(戊=무대, 강단. 寅=학당).
· 寅 중에 丙火가 투하는 것을 기뻐하고 상관배인이 되면 귀하다(재가 생하면 관통재가 될 수 있다).
· 火가 너무 왕성하면 다 타서 재로 변해서 안 좋다(寅戌공합으로 寅木이 타 버린다).

乾　丙 戊 庚 丙
　　辰 寅 寅 戌

· 寅 중 丙化가 투출한 명. 식신 庚金으로 寅木을 제하는 주공.
· 乙未 대운/辛未年 : 대기업 사장, 乙庚合. 寅木(2개) 未土로 입묘(식신으로 乙未 일체로 관살고를 제압).
· 丙申 대운 癸未年 : 필라코리아 사장. 寅申沖(관을 제압).
· 丁酉 대운 : 丁火가 庚金을 克. 寅酉절로 퇴직.

乾　壬 戊 丙 戊
　　子 寅 辰 寅

· 寅木이 壬水, 子水의 생으로 관통재, 寅 중 丙火가 허투(허실 구조로 사업 命).

· 庚申 대운 : 寅申冲으로 유통되어 10년 좋다.
· 辛酉 대운 : 丙辛합. 辰酉합해서 좋다.

乾 己 戊 戊 丙
    未 寅 戌 戌

· 寅 中 丙火가 투출해서 좋고 비겁이 왕한 命(무재 사주 : 여자를 좋아하고 구두쇠).
· 寅戌 공합(자식과 부인이 불이 되어 안 좋은 命, 아들 셋이 결혼 안함).
· 甲辰 대운(53대운) : 건조한 명에 辰이 나타나 좋은 대운. 寅木이 도위.
· 乙巳 대운(63대운) ; 寅巳穿으로 부인이 아프다.
· 丙午 대운(73대운) : 부인, 자식, 본인까지 잘못될 수 있다(寅午戌三合).

■ 己土 일주

· 己土는 음토라 양을 좋아한다. 丙火를 좋아하고, 己酉처럼 酉金을 좋아한다.
· 己土는 丁火를 싫어한다. 나의 식신 辛, 酉가 있을 때 효신탈식 되어 건강, 수명에 문제 생긴다.
· 己土는 甲木을 좋아한다.

(31) 己巳 일주

· 女命일 경우 인성이 왕하면 혼인에 문제가 있다.
· 巳火 인성이 포국이 되면 巳火가 권리가 되어 권력이 크다.
· 己巳는 괴 되면 수명에 문제 발생(연체).

坤 | 庚 己 庚 己 |
    | 午 巳 午 酉 |

· 비견, 쟁부에 인성이 많아 정상적인 결혼이 힘든 命이다. 그런데 己巳가 포국이 되어 혼인이 좋은 命.
· 남편이 巳火라 권력이 있고, 본인도 세무국 관리인 命
· 甲戌 대운 : 甲己合으로 좋을 것 같은데 甲庚沖(상관견관으로 상사를 극해서 안 좋다). 酉戌穿으로 주공이 잘 되어 좋다(巳, 午, 午 火가 戌로 들어가).

乾 | 甲 己 壬 辛 | 丙 丁 戊 己 庚 辛
    | 子 巳 辰 未 | 戌 亥 子 丑 寅 卯

- 부자이지만 귀하지 못한 命. 재포국, 子未천 유통 주공인데 대운에서 亥, 子, 丑 대운에 포국된 귀한 巳火를 못 쓰게 되어 귀함을 잃게 됨.
- 戊子 대운 : 子巳절. 子未천 유통.
- 丁亥 대운 : 丁壬合(유통) 좋고. 巳亥沖 포국은 깨고 체를 깨서 몸이 안 좋다.
- 丙戌 대운 : 丙壬沖. 辰戌沖 유통되어 좋다.

乾 | 乙 己 甲 戊 |
　　| 丑 巳 寅 戌 |

- 마음만 선량하고, 재물 운이 없고 가난한 레미콘 기사 命.
- 甲己合 하지만 寅巳穿으로 甲寅(큰 재)은 본인과 인연이 없다. 寅戌 공합(겁제)으로 나하고는 인연이 없다. 巳丑合밖에 없어 레미콘 기사.

(32) 己未 일주

- 재관이 묘에 임하여 刑, 沖으로 고를 열어야 발복이 된다. 옆에서 沖으로 고를 열 수 있다.
- 己未, 己丑은 고를 열어야 한다. 辰이 있어 폐물 재활용하면 고가 열리는 것으로 본다(戊辰. 戊戌은 고를 열지 않아도 된다).
- 己未는 午가 합하는 것을 두려워한다. 폐고가 되어 무용하다(포국은 괜찮다).
- 개고될 때 부자가 많고, 공직은 적다.

坤　| 乙 己 壬 己 |
　　| 丑 未 申 巳 |

· 감옥에 있는 기간이 나와 있는 기간보다 긴 命.
· 丑未沖으로 돈은 있는데 좌측 丑未沖 우측 巳申合으로 반국(생각과 행동이 좌우가 틀린다). 己未=己巳=한 사람.
· 丑未沖으로 돈을 버는데 乙木이 있어 불법적인 돈이 많고. 巳申合으로 잡혀서 丑으로 입묘(뇌옥).

乾　| 庚 己 丁 乙 |
　　| 午 未 亥 丑 |

· 아버지가 운수사업으로 재부가 있어 물려받을 예정.
· 丁亥 지합=재인방대. 아버지가 돈이 많다. 亥水=아버지.
· 癸未/丁酉년 사업 물려받아 운영. 亥未合, 丑未沖 고가 열림.
· 壬午 대운 : 丑午穿으로 문제(연체를 건드림).

乾　| 庚 己 己 乙 |
　　| 午 未 丑 巳 |

· 오나시스 命.
· 丑未沖으로 丑을 제거 대발(재와 재의 원신). 丑 중에 庚金으로 허투(흉신).
· 乙庚合(자식을 극). 乙=자식=庚
· 壬午/壬子년 자식 사망. 子午沖(자식궁)깨짐. 子水가 庚金의 사지.

- 乙卯년 : 본인 사망. 午卯破(녹파).

坤 | 辛 己 辛 乙 |
    | 未 未 巳 亥 |

- 乙亥 대상을 제압하는 주공으로 가려면 辛金이 乙木을 제압하면 되는데 辛巳 자합이 있어 亥水가 巳火를 沖해 주면 좋다(亥水가 강해지는 申, 酉, 亥 대운이 좋다).
- 식신제살로 경찰을 하고 싶어함. 권력을 제압하는 쪽으로 가는데 반국이라 범죄 심리학 전공.
- 乙木=아버지, 辛金=어머니. 乙辛沖으로 부모 이혼(남편하고 아버지하고 인연이 없다). 巳亥沖으로 관재문으로 남자에 관심이 없다.

(33) 己酉 일주

- 식신을 차고 있는데 용체라 괴할 수는 있지만 괴 되면 혼인이 안 좋다(경우에 따라서는 체가 되어 문제가 될 수도 있다).
- 포국을 형성하면 대격을 이루기 쉽다.

〈시주만 다른 사주 비교〉

乾 | 丁 己 癸 壬 |
    | 卯 酉 丑 子 |

- 卯酉沖, 丁壬합으로 유통 구조.

- 어릴 때 가난하다가 辰 대운부터 대발(왕성한 재가 진에 입고 卯辰穿으로 유통).

乾　丙 己 癸 壬
　　寅 酉 丑 子

- 丙壬沖(丙火가 괴 되어 관인 상생이 안 됨). 寅酉절로 본인이 丙寅을 쓸 수 없어 특별한 주공이 없다(재가 너무 왕성).
- 寅丑合(겁재가 공문을 쓴다. 산에서 돌 캐는 일을 함.

※ 유통 구조는 원국에 체현되어 있어야 운에 따라 작용한다.

乾　甲 己 丙 乙
　　戌 酉 戌 未

- 未戌刑으로 관을 제압(신문 기자). 酉戌穿으로 돈 버는 주공(건설업).
- 巳, 午, 未 대운은 신문 기자
- 庚辰 대운 : 甲庚沖, 辰酉合, 辰戌沖 반국(未戌刑이 깨치고 체를 괴 힘 들다).
- 己卯/ 戊戌년 : 卯戌合, 酉戌穿해서 戌土 가져가 안 좋다.
- 己卯/ 己亥년 : 亥卯未三合, 卯戌合, 酉戌穿 내가 갖고 가서 좋다(빚 다 갚음).

乾　| 癸 己 甲 壬 |　³³戊
　　| 酉 酉 辰 午 |　　申

- 37세(戊午年)에 어머니, 부인 사망. 38세(己未年)에 재혼했으나 여난으로 송사 때문에 힘든 命.
- 戊申 대운 戊午年 : 癸水=1처, 酉金=모친, 戊申 대운에 辰이 응기. 酉金이 고로 입묘. 午酉破(모친 사망). 戊癸合, 午酉破(성, 궁)부인 사망.
- 己未年 : 午未合으로 壬午 인동(壬水=2처), 午 中 己土가 있어(유부녀) 午酉破로 나의 돈을 뺏으려는 목적의 꽃뱀(癸酉酉=나의 돈).

(34) 己亥 일주

- 己亥 일주는 천지 자합으로 정궁, 정성이 되어 合이나 沖이 있으면 혼인이 안 좋다(寅, 巳火).
- 배우자의 이상형이 높아 독신 命이 많고, 주위에 卯木 등 편성이 있을 경우 혼인이 힘들고 亥 中 甲木과 인수가 투간하면 혼인이 가능하다.
- 관성이 투출하면 쓸 수 있어 관직이 가능. 亥水 재성이 유전되면 사업 命이 된다.

坤　| 戊 己 己 乙 |
　　| 辰 亥 丑 未 |

- 여성 사업가로서 독신 命.
- 乙未는 겁재의 남자라 안 되고 亥중 甲木이 辰속으로 궁성이 입묘되어 혼인이 없다.
- 혼인이 되려면 辰戌沖 고를 열어야 되는데 戌 대운이 너무 늦게 온다.
- 丑未沖으로 유통 구조(해외 무역), 午, 未 대운에 대발한다.

乾　己 己 己 癸
　　巳 亥 未 酉

乾　己 己 癸 丙
　　巳 亥 巳 申

- 첫 번째는 유명한 문학가 命.
- 巳亥沖 주공으로 亥水를 잡는 주공인데 酉金(원신)이 있어 제압이 완벽하지 않다. 酉金이 오는 辛亥 대운 丁酉년에 오히려 亥水가 巳火를 沖, 반국이 되어 상습적 성추행자로 제명.
- 두 번째 命은 巳亥沖, 巳申합 주공인데 癸巳 자합으로 巳火가 주공을 못하도록 방해하고, 癸水가 丙火를 극(원국 반국) 건설 노동일 하고(녹으로 주공), 가끔 도박으로 금전 탕진(비겁이 주공).

乾　庚 己 壬 辛
　　午 亥 辰 卯

- 卯辰穿으로 많은 재를 유통하는 사업 命.
- 己丑 대운 : 丑午穿(회사 사직).

- 戊子 대운 : 戊=辰으로 卯辰穿. 戊子 자합(겁재로 주공), 빠찡고 사업으로 대박.
- 子 대운 : 子辰으로 물이 되고 子午沖(녹충, 양이 사라져 감옥).

(35) 己丑 일주
- 己丑은 刑, 沖을 기뻐한다(묘가 열리면 좋고, 열리지 않으면 흉하다).
- 옆에서 열 수도 있고 천간에서도 가능(乙辛沖). 辰으로 폐물 재활용도 가능.
- 묘가 안 열려도 寅이 와서 슴하면 귀하게 된다(열린 것과 같다). 특히 女命은 시지에 丙寅이 오면 남편 복이 있다.
- 己丑은 식상고로 식신이 투간하여 丙辛合. 丁火가 辛金을 극(효신탈식)하면 안 좋다.

乾 辛 己 丁 己
    未 丑 卯 巳

- 丑 중에 辛金이 투출. 丁火가 辛金을 극(효신탈식 命).
- 丙寅 대운 辛巳년 : 열로 인해 양다리 장애. 두 손으로 기어다닌다(丙辛合, 효신탈식, 辛巳年은 丑에서 辛金이 허투하는 응기).
- 丙寅/ 丙申년. 丙辛合 모친 사망.

〈부부 命〉

坤 戊 己 丙 辛
    辰 丑 申 丑

乾　| 癸 辛 乙 戊 |
　　| 巳 丑 卯 戌 |

- 女命 : 丑, 申 辛丑이 辰으로 폐물 재활용으로 丑 고가 열리는 命(겁제가 필요한 命, 동업을 해야 좋은 命, 남을 위해 봉사하는 命).

- 庚寅 대운 丁酉年 : 남편 폐암 수술 및 퇴직.

- 申金(남편) 허투, 寅木 절지에 앉아 있지만 丑이 있어(申金 원신) 죽지는 않음.

- 男命 : 丑戌刑으로 戌을 제압하려고 하지만 卯戌合이 되어 제압이 어려운데 戌에 나온 巳火를 癸巳 자합, 巳丑合으로 제압된 것으로 본다(법원 고위 공무원). 丑과 癸水가 강해야 팔자가 좋아진다.

- 酉/丁酉年 퇴직. 폐암 수술 酉戌穿, 丑戌刑 응기.

坤　| 丙 己 癸 辛 |
　　| 寅 丑 巳 酉 |

- 丙寅時로 寅丑合으로 고를 여는 것 보아 남편 복이 있는 命(남편이 고를 열어 준다).

- 丙辛合(내 식신이 대상에 쓰인다). 공직자 命. 巳酉丑 三合으로 식상이 왕하고 재가 허투로 논리적인 말도 잘하고 재능이 있다.

- 辛, 酉=어머니. 딸/ 癸=아버지. 丙辛合. 巳酉合. 癸巳 자합(딸, 아버지, 어머니가 모두 공무원이다).

- 년월에 재가 왕성하면 가난한데 재가 허투하여(재가 없는 것으로 보아) 아버지가 능력이 있다.

```
乾    乙 己 乙 庚
      丑 丑 酉 申
```

- 丑 고가 열리지 않아, 재물도 없고 혼인도 쉽지 않다.
- 상관이 발달되어(인성이 배합되지 않아) 예의가 없고 자기 멋대로 행동한다.
- 아버지한테 땅 2천 평을 물려받아 창고업을 하려고 함.

(36) 己卯 일주

- 己卯는 살에 앉아 있어 기운이 하나로 직진성이 있고, 심성이 난폭하고 독하다.
- 卯木이 주공이 있어야 좋다. 주공이 없으면 해롭다.

```
乾    丁 己 丁 甲
      卯 卯 丑 寅
```

- 己土 주위에 흉신으로 포국(己土가 응기될 때, 辛金이 나올 때 많이 죽는다).
- 辛巳/丁亥年 사망. 丑에서 辛金이 투출, 丁火가 응기.

```
乾    甲 己 甲 辛
      戌 卯 午 酉
```

- 포국, 식신으로 卯木을 제압.
- 辰 대운 : 辰酉합, 卯辰穿(직장 다님).
- 辛卯 대운 : 卯戌합, 酉戌穿(반국으로 직장 그만둠).

· 庚寅 대운 : 甲庚沖. 寅午戌三合. 午酉破, 午卯破 반국 안 좋음.
· 己丑 대운 : 甲己合, 酉金 도위. 卯酉沖은 좋은데, 丑戌刑, 丑午穿으로 문제 발생(卯木=부인).

■ 庚金 일주

- 金은 음이 바탕이지만 외음내양으로 양의 성질을 가지고 있고, 견고하고 강하다. 그래서 얼음, 눈은 火를 만나면 없어지지만 金은 火로 제련되지 않으면 물건으로 완성되지 않는다.
- 金 기운이 강한데 火가 약하면 일을 추진하는데 어려움이 있고, 金 기운이 약한데 火가 강하면 金이 망가진다(2개의 金 비겁과 火 관살이 있는 것이 최상의 조합).
- 木, 火로 庚金을 제련하면 공명에 대한 성패가 빠르고, 辛金이 水 식상을 만나면 재물이 풍족하다.
- 金에 水가 없으면 건조하고 메마르지만 水가 너무 왕성하면 金이 가라앉아서 쓸모가 없게 된다(申子辰 三合이 되면 감옥에 간다).
- 金은 水로 설해 주고, 火로 제련해 주어야 좋다. 壬午時, 丁亥時 배합을 좋아한다.
- 庚辰. 庚申 일주는 주변에 戊土를 배합하면 안 좋다(이미 강한데 더 강해져서 좋을 것이 없다).
- 庚子, 庚午, 庚寅 일주는 戊子時, 戊寅時 배합하면 좋다.
- 庚金은 丁火를 두려워한다(철판에 총을 쏘아 구멍나는 것으로 본다).

(37) 庚辰 일주

- 庚辰 일주는 亥, 子水 인출할 수 있으면 총명해서 좋고(설해 주는 기운이 오면 좋다). 관이 배치되어 있으면 필히 지위가 있다(火가 오면 금수상관 희견관이 된다).

· 庚辰 일주는 금이 왕해지는 것을 좋아하지 않는다(戊土, 庚申이 오면 고철덩어리가 되어 멍청하다).

乾　| 丁 庚 辛 壬 |
　　| 亥 辰 亥 午 |

· 壬午 자합 亥午合으로 상관으로 관을 제압하는 命.
· 빈위에 관을 제압하여 내가 가진 관이 아님.
· 丁亥 자합으로 허투된 丁火(명예)를 가져 명성 있는 대학교 수학 교수 命.

乾　| 戊 庚 庚 庚 |
　　| 寅 辰 辰 子 |

· 土가 많아 한평생 직업이 없다.
· 寅時에 태어나 총명하여 육효, 사주 보는 것을 한다(子水가 寅木 生, 기술로 돈을 버는 命).
· 癸未 대운 : 戊癸合(子水가 癸水로 허투)유통되어 돈을 벌었음. 子未천으로 식신생재가 안되어 망함.
· 甲申 대운 : 寅木 허투, 寅申冲 유통되어 좋다(역술에 입문).
· 乙酉 대운 : 乙庚合, 辰酉合(유통되어 좋다).

坤　| 庚 庚 戊 戊 |
　　| 辰 辰 午 子 |

- 남편에게 구타를 당해 乙卯/ 丙辰년에 이혼한 命.
- 戊子 자합으로 子水가 힘이 없음(子水가 辰에서 나와 나의 몸). 子午沖 (남편한테 맞는다). 午火=남편.
- 乙卯/丙辰년 : 卯辰穿(궁). 午卯破, 子午沖으로 이혼.
- 2개의 庚辰으로 비겁에 편인으로 독신 命이 되어 혼인하기 쉽지 않다.

(38) 庚午 일주

- 관성에 앉아 관 포국이 되면 기뻐하고, 귀하게 된다.
- 재가 많아 관살을 생하는 것을 싫어한다.
- 八字에 火가 강해서 양이 음을 잡을 때, 午火가 체가 되는 경우가 있다.

```
乾    丁 庚 己 戊
      亥 午 未 辰
```

- 천억이 넘는 부자 命으로 午未合으로 관의 세력이 강해서 辰에서 나온 亥水(재와 재의 원신)를 잡는 주공(亥水는 나하고 관련 없음). 丁亥 자합, 午亥合.
- 辰에서 나온 亥, 子, 丑 대운이 좋다.
- 戊辰 대운은 亥水가 辰으로 입묘되어 주공이 없어져 안 좋다.

```
乾    己 庚 癸 庚
      卯 午 未 寅
```

- 재가 많아 안 좋은 命.

- 庚金(어머니, 형제), 寅木(아버지), 午火(계부)가 된다.
- 甲申(02대운) 대운 : 寅木이 허투, 寅申沖, 寅木 未로 입묘. 아버지 조기 사망. 년지에 있는 庚金(형제)이 절지에 앉아 형이 조기 사망. 庚金이 복음으로 와 어머니가 재혼. 癸水가 어머니일 수 있는데 甲申 대운 죽지 않아 庚金이 모친.
- 丙戌/ 甲寅년 : 화가 왕성해 丙火가 庚金을 극해 교통사고 및 관사 발생 (설용해 주는 戊土가 없어서 사주의 병).
- 午卯破로 자식성과 궁이 파되어 자식도 없고 부인과의 사이도 좋지 않다 (卯木=처).

乾　甲庚甲戊
　　申午寅申

- 장애인으로 혼자 일어나지 못하는 命.
- 庚午 일주는 재가 많은 것이 사주의 병(乙木보다 甲木이 더 심함).
- 申金이 午火에 극을 당해 팔, 다리가 크게 훼손되어 장애인 명.

(39) 庚申 일주

- 庚申 일주는 辛酉 일주와 같이 戊土가 오는 것을 싫어한다(이미 왕성해서).
- 丁丑時를 두려워한다(丑으로 입묘 시 뇌옥, 정신, 질병 문제 발생).

乾　辛庚癸辛
　　巳申巳丑

- 癸巳 자합, 辛巳 자합한 상태에서 巳申합은 녹 주공으로 몸에 문제 없다.
- 戊子 대운 : 巳申합, 巳火가 큰 재부로 대발함(戊=巳, 子=申).

乾　| 辛 庚 丁 戊 |
　　| 巳 申 巳 辰 |

- 교통사고로 부인과 함께 사망한 命(癸亥 대운 丙寅年).
- 戊癸합으로 戊土가 화용을 못해 丁火가 바로 극.
- 巳申합(귀신이 와서 합). 申亥穿으로 체와 체가 穿. 寅巳申三刑.
- 庚申 일주는 火를 제압해야 좋다. 제압이 안 되면 흉신 역할.

乾　| 丁 庚 丙 丁 |
　　| 丑 申 午 未 |

- 丑午穿, 丑未沖(유통) 丁火로 허투(허실 구조)로 사업 命(운수, 물류 사업).
- 丁火가 흉신으로 癸卯, 壬 대운은 丁火(흉신) 제거로 좋았다.
- 寅 대운 : 寅이 午火를 生, 큰 병을 얻음. 처리할 戊土가 없음(午火가 申, 丑을 극).
- 辛丑/乙未년 폐암으로 사망. 丑未沖 고가 열려 丑(귀신의 묘)으로 입묘.

乾　| 戊 庚 己 乙 |
　　| 寅 申 卯 巳 |

- 장례식장 조기대여 사업 命.

- 戊寅, 己卯 재인 방대. 巳火 관통재(乙木, 卯木이 生)가 戊土로 허투.
- 巳申合으로 제압 안 된 관은 본인을 극(申金 중 壬水가 어머니인데 어머니가 말을 못함).
- 巳火(아버지)는 흉신이지만 亥 대운에 巳亥沖으로 돈을 번다.
- 甲戌 대운 : 寅木 허투, 巳火가 戌로 입묘로 유통(대발).
- 壬申 대운 : 巳申合으로 본인 몸이 안 좋을 수 있다.

(40) 庚戌 일주

- 좌하가 관살고로 주공하는 것을 기뻐하고 포국을 당하는 것을 좋아한다.
- 천간의 壬水, 癸水가 투출하면 좋고, 식상이 관살 제압해서 금수상관 희견관이 된다.
- 戌 중에 丙火, 丁火 투간하여 庚金을 극하는 것을 두려워한다(丙火는 1개까지는 괜찮은데 2개 이상은 丁火와 같다). 대운에서 丙火, 丁火가 올 때도 마찬가지다.

乾	戊 庚 戊 甲
	寅 戌 辰 戌

- 직장 생활하다가 약국 운영한 命.
- 壬申, 癸酉 대운 : 庚戌 일주는 壬水, 癸水 투간하면 좋고, 申, 酉 포국 수승.
- 甲戌 대운 : 寅木이 허투. 辰戌沖 직장 그만두고, 辰을 포국 약국 운영.
- 乙亥. 丙子 대운 : 辰에서 亥, 子가 나와 亥水, 子水를 제하면 辰이 제하는 것과 같아 좋다.

· 甲=寅=부인, 辰 중 癸水=장모, 장모를 모시고 산다.

乾　　丁 庚 丁 己　　58 48 38 28 18 08
　　　亥 戌 卯 亥　　辛 壬 癸 甲 乙 丙
　　　　　　　　　　 酉 戌 亥 子 丑 寅

· 고등법원 부장판사 命. 亥水가 卯를 생해 卯戌합으로 관살고 제압.
· 丁火가 흉신인데, 壬水, 癸水 대운 좋고 戌 대운 甲午년 卯戌합으로 부장판사.
· 월주에 丁火가 제압 안 되었는데도 時로 와서 丁亥 자합. 丁壬합으로 관이 완전 제압.

坤　　丙 庚 丙 乙
　　　戌 戌 戌 未

· 공직 20년. 1급 공무원 命.
· 戌未刑으로 연월의 재를 제압하고, 관살 포국으로 공무원 命.
· 庚寅, 辛卯 대운 : 未土 응기. 戌未刑, 乙庚합.
· 壬辰 대운 : 辰戌沖, 丙壬沖으로 돈 벌러 간다(유통).

(41) 庚子 일주

· 子水(상관)를 깔고 있어 총명하고 계산 능력이 뛰어나다.
· 금수상관 희견관으로 子水가 관을 제압하면 좋다.

乾　| 己 庚 己 乙 |
　　| 卯 子 卯 酉 |

· 己卯로 포국이 안 된다(卯酉沖).

· 子卯破로 정상적인 방법으로 돈을 못 벌고(재를 파), 해당 육친도 안 좋다(아버지와 부인을 克).

· 비겁, 상관이 재를 파하는 命으로 도둑 命이다.

乾　| 丁 庚 壬 壬 |
　　| 丑 子 寅 午 |

· 午, 丁火는 제압이 좋은데 寅(관의 원신) 제압이 안 되는 命으로 寅木이 제압되어야 좋아진다(김정일 命).

· 丁未 대운 甲戌년 : 김일성 사망으로 실권 장악. 寅木 허투, 未戌刑으로 寅木 입고.

· 戊申 대운 : 戊土가 壬水를 극하지만 壬(2개)이라 괜찮고 庚子 일주는 戊土를 좋아함. 寅申沖, 寅木 제거(申金이 子水를 生, 子午沖 주공이 잘됨).

· 己酉 대운 辛卯년 : 사망. 丑이 응기(귀묘) 子卯破, 卯酉沖. 子水 생명선.

乾　| 己 庚 壬 壬 |
　　| 卯 子 子 午 |

· 소규모 자동차 부품회사 운영.

- 午火를 제압 주공. 己土로 허투(午火가 제압이 안 되어 큰 재로 본다). 子卯破(흉신).
- 壬子, 子=부인, 壬午=도화, 丙辰, 丁巳 대운 20년 바람을 피움(丙壬冲, 丁壬合, 子水(궁이 2개)가 강해 子卯破, 子午冲해도 이혼은 안 하지만, 본인이 잘 못 될 수 있음).
- 戊午 대운 癸未年 사망 : 戊土로 壬水 克. 子未穿. 子午冲(반국) 子水 연체를 克.

(42) 庚寅 일주

- 절지에 앉아 丁丑時 귀묘를 좋아하지 않고, 戊寅時 오는 것을 좋아한다.
- 재에 앉아 재가 유전되면 부자 命이 가능.

乾　| 乙 庚 丙 乙 |
　　| 酉 寅 寅 卯 |

- 丙寅(대상)으로 공직 命. 丁火는 흉신이라 관직을 못한다. 직장생활을 오래 하지 못한다.
- 卯酉冲(유통 구조).
- 壬戌 대운 : 寅戌, 卯戌合 재가 많아져 酉戌천으로 유통이 안 된다 (酉金이 괴).
- 辛酉/庚申 대운 : 卯酉冲, 寅申冲으로 돈 많이 번다.
- 己未 대운 : 寅, 卯가 입묘(직장 그만둠).

乾　| 乙 庚 己 己 |
　　| 酉 寅 巳 未 |

· 교회 부목사 命.
· 己未(인성+재고)대상으로 未 中 乙木이 時로 허투, 乙庚合으로 내가 가짐. 巳火는 공망으로 정상적인 직장이 아님. 巳酉合(乙酉=빛이 필요한 신도) 목사상.
· 乙丑 대운 : 庚金은 丑 대운이 대체로 안 좋다.
· 甲子 대운 : 寅木이 허투. 子巳절, 子未穿으로 안 좋다(포국이 깨짐).

坤　| 己 庚 庚 辛 |
　　| 卯 寅 子 亥 |

· 모델 출신으로 잇속이 밝은 사람. 이혼한 언니를 돌봄.
· 식신생재로 잇속이 밝고 재가 크다. 남자한테 상처를 많이 준다. 남편이 가난. 금수상관은 되는데 寅亥合으로 관직은 못 한다.
· 子卯破로 돈을 밝히고, 子卯破로 언니로 인해 돈이 많이 깨진다.
· 비겁, 상관이 재를 천하는 모양인데 寅木이 중간에 있어 子水, 亥水를 흡수. 子卯破 안 일어나 도둑 命이 아님.

■ 辛金 일주

- 壬水가 오면 물로 씻어 주어 재물로 가는 命이고, 丙火가 오면 빛을 비추어 보석이 빛나 관직으로 가는 命.
- 丁火를 싫어하고, 戊土는 戌土로 丁火와 같아서 辛金이 싫어한다(감옥 가는 것, 총살 당하는 것과 같다).
- 己土가 生해 주면 좋다. 己土가 生해 주고, 壬水가 있으면 얼굴도 이쁘고 머리도 좋다.
- 庚, 申이 오면 겁탈해 갈 것을 두려워한다. 특히 지지에 申金이 오면 아주 나쁘다.

(43) 辛未 일주

- 재성이 고에 임하여 刑, 沖을 좋아한다. 辰에 입고하여 폐물 재활용하는 것도 재고가 열린 것으로 본다.
- 未 고가 열리기만 하면 재, 관을 사용 좋고 丁火는 칠살로 재부로 본다.
- 未 중에 丁火가 투간하는 것을 싫어한다.
- 男命에는 辛未가 고가 안 열리면 부인에게 돈이 들어가면 안 나오고, 女命에는 자하 관재문으로 혼인에 문제가 있다.

乾 | 庚 辛 癸 壬 |
   | 寅 未 丑 寅 |

- 비겁, 상관이 재를 제압하려고 하는데 재를 제압하지 못해 재 반국(도둑 命). 관칠살이 반국일 때는 감옥 가는 命.

- 상하 반국으로 천간이 지지를 극(庚金이 寅木을 克), 지지는 金을 木이 제압.
- 식상이 발달하여 말을 잘해서 보이스 피싱 범죄 命(丁巳 대운 : 寅巳穿으로 사기꾼 命).
- 丑未沖으로 혼인이 안 좋고, 궁성이 많아 결혼을 4번 한 命.

坤 | 壬 辛 丁 壬 |
     | 辰 未 未 寅 |

- 고가 열려 있음(辰 속으로 폐물 재활용).
- 丁壬合으로 식상으로 관살을 제하는 命인데 관살이 완전 제압이 안 돼서 변호사, 역술인.
- 丁火=남편, 寅木 중 丙火=도화, 癸卯 대운에 丁癸沖 이혼.
- 辛丑/己亥년 : 丑未沖 고를 열고 寅亥合, 寅丑合으로 돈은 있지만(재속의 남자), 나이가 많거나, 멀리 떨어진 깡패같은 남자를 만난다(寅木이 폭력, 동력의 상).

坤 | 癸 辛 辛 乙 |
     | 巳 未 巳 巳 |

- 未 고가 안 열려 한평생 혼인이 없다(47 대운, 丙戌 대운 가야 혼인 가능. 未戌刑).
- 일지 재고로 자하 관재문으로 아무리 많은 남자가 와도 마음이 열리지 않는다.

- 乙巳가 乙酉일 경우는 乙辛沖으로 고가 열려 혼인이 가능.

(44) 辛酉 일주

- 辛酉는 丑이 오는 것을 싫어하고(丑은 뇌옥) 辰과 合은 더러워져서 싫어한다(酉=육친, 酉辰합 멍청, 辰=육친 酉가 오면 좋다).
- 戌이 천하는 것은 신체적으로 문제가 있어 싫어하고, 辰과 戌이 동시 출현하면 좋다(辰酉합으로 戌을 穿하여 체용 관계를 형성).
- 辛酉는 辰과 合이 되면 녹배인이 되어 좋은 것 같지만 정체성이 사라지는 셈이다.

乾   戊 辛 庚 辛
     子 酉 寅 巳

- 제압 당해야 할 놈(巳火)이 戊土로 올라와 子水 식신을 제압하여 팔자가 반국.
- 정신 상태가 안 좋다(戊=戌=丁火로 辛金을 극). 생각이 자유롭지 않고, 불안하고, 늘 쫓긴다(戊子 자합).
- 丙戌 대운(38대운): 정신 병원에 갈 확률이 높다.
- 子水=어머니, 巳火=아버지(어머니가 아버지한테 시달려 힘이 든다).

坤   丁 辛 辛 己
     酉 酉 未 未

- 장성 출신이고 국회의원 命.

- 己土가 있어 관인상생. 연월에 재고가 있어 국가 공무원 命.
- 丁卯 대운 : 卯酉沖으로 未고를 열고, 未土를 제압하는 것과 같다(비겁이 주공―군인).
- 丙寅 대운 : 丙辛合(丙寅 대상을 가진다).
- 乙丑 대운 : 乙辛沖, 丑未沖으로 고도 열고 유통되어 대발.
- 甲子 대운 : 甲己合으로 丁火를 生하고 子未穿으로 안 좋다.

乾　己辛庚丙
　　丑酉寅辰

乾　甲辛己乙
　　午酉卯卯

※ 辛酉 일주는 辛酉가 보석인데 흙이 많으면 묻혀서 안 좋은데 나무가 있으면 방지할 수 있고 물이 있어야 좋은 命.

- 첫 번째 命은 土가 많아 나무는 있으나 물이 없어 안 좋은 命. 辛金의 절(寅), 고(丑)가 지지에 있어 휠체어 상.
- 癸巳 대운 : 寅巳穿 포국 주공을 깬다.
- 甲午 대운 : 寅木 허투, 午酉破로 죽을 수 있다.
- 두 번째 명은 午火가 나쁜놈인데 己土 허투. 辛金 生. 年,月재는 국가의 재로 공무원 命.
- 癸酉/壬申 대운 : 물이 있어 보석이 빛난다. 이때 벼슬한 命.

(45) 辛亥 일주

- 상관 위에 앉아 있어 관성이 포국하는 걸 좋아하고 포국만 되면 당관한다.
- 己亥時 조합을 싫어한다.
- 己土가 있어 辛金을 생해 주면 亥水는 용체가 되어 제압 가능하며, 다른 사람을 지휘하게 되어(관살로 상관 제압) 큰 국이 많고, 己土가 없으면 亥水를 체로 亥水가 직접 주공해야 하기 때문에 내가 직접 일하는 모양이 된다.

乾
| 甲 | 辛 | 己 | 己 |
| 午 | 亥 | 巳 | 卯 |

- 己土가 있어 亥水를 제압해도 된다.
- 亥–〉甲木 허투. 甲己合. 정상 포국 관살로 상관 제압(辛金 일주 국이 크다).
- 식상으로 관살을 제압하는 것보다 관살로 식상을 제압하는 것이 훨씬 그릇이 크다.

乾
| 甲 | 辛 | 壬 | 戊 |
| 午 | 亥 | 戌 | 戌 |

- 己土가 없고(인성이 생해 주지 못함)亥水를 써야 하는 命.
- 亥水–〉壬水 허투. 戊土에 극을 당해 안 좋은 命.
- 총살당하는 命(丁 대운 戊子年 혹은 戊 대운 丁年, 戊=총, 丁火=총알).

乾　己辛乙戊
　　亥亥丑寅

- 己(인성), 丑(인성)으로 己亥 자합. 丑土로 亥水를 극(식상을 제하여 공직 命).
- 巳, 午, 未 대운이 좋다(亥水 제압).
- 戊寅年(태어나자마자 모친 사망), 寅亥合 인동. 己亥 자합. 丑이 克, 사망. 강한 水가 寅木으로 쏠려나가 해당 육친이 사망할 수 있다.
- 상관으로 관을 제압하는 것은 시끄럽고 인성으로 상관을 제압하면 조용하고 능력이 뛰어난다(인성이 주공하면 격이 크다).

坤　丁辛乙己　　39 29 19 09
　　酉亥亥卯　　己戊丁丙
　　　　　　　　卯寅丑子

- 남편과 사별. 아들이 없고, 초년에 아버지 사망한 命.
- 乙木=아버지, 亥 중 甲木=남편. 辛亥, 乙亥가 간지 반국, 亥亥가 복음으로 이혼, 편성이 많아 정상적인 혼인이 어렵다.
- 乙木이 己土를 克, 丁火가 克, 辛金이 설기가 많이 힘이 없고, 자녀 궁도 극과 설기가 많고 대운이 자녀를 놓을 시기에 丑, 寅, 卯 절지에 있어 자식을 낳기가 쉽지 않다.
- 亥水는 체로서 주공을 해야 한다(乙木이 己土를 克).

(46) 辛丑 일주

- 辛金이 丑 고 위에 있고 통근하여 괴 되면 안 된다.
- 丑戌刑은 나쁘다(戌이 오면 매우 안 좋다).
- 辛金은 일지에 丑이 있고, 己土가 생해 주면 좋은 사주가 많다.
- 未 고가 있어 고를 열면 돈을 번다.

坤 | 辛 辛 己 丁 |
　　| 卯 丑 酉 未 |

- 丑未沖으로 재고를 열고, 辛丑 일주에 酉金 배합, 녹배인이라 평생 좋다.
- 甲寅 대운 : 甲己합, 寅丑합, 木土 조합(부동산), 재인 방대로 집값이 폭등.
- 乙卯 대운 : 乙木이 己土 克. 卯木이 丑을 克. 남편=丁火(관인 상생, 공무원), 아버지=未, 어머니=酉(乙, 卯가 己, 丑 인성을 克해 집값이 안 오른다).
- 寅 대운 : 寅酉절(어머니 사망), 丑未沖(丑 대운 아버지 사망), 卯未합(전달 매체) 잡지사 근무하는 命.

坤 | 壬 辛 辛 辛 |　　59 49 39 29 19 09
　　| 辰 丑 卯 丑 |　　丁 丙 乙 甲 癸 壬
　　　　　　　　　　　酉 申 未 午 巳 辰

- 20년 공무원 생활. 未 대운 사업 시작. 丙申 대운 庚寅年에 여직원 횡령으로 힘듦.
- 辛金으로 卯木을 克. 卯辰穿으로 卯木을 완전 제압(年月의 재를 완전 제압. 공무원 상).

- 癸巳 대운 : 癸巳 자합, 巳丑合 공무원.
- 甲午 대운 : 甲午가 대상으로 甲辛沖, 丑午穿 공무원.
- 乙未 대운 : 卯辰穿 주공(공무원). 卯未合으로 卯가 커져 유통, 丑未沖 재고 열어 사업.
- 丙申 대운 庚寅年 : 卯申合(겁재가 나의 재물 가져감). 卯木=남편, 남편성이 완전 괴 되어 혼인이 없다.

```
       甲 辛 戊 癸      41 31
坤                      癸 壬
       午 丑 午 丑      亥 戌
```

- 은행에 다니다가 戌 대운 사직한 命.
- 戊午(대상)를 포국하고, 甲午, 戊午로 辛丑을 포국했는데 포국 반국(甲午와 戊午가 다른 사람으로 혼인이 안 좋다). 戊午=첫 번째 남자, 甲午=두 번째 남자, 결혼 2번 가능성.
- 戌 대운 : 午火(2개) 戌로 입고 포국이 반국이 응기 되어 직장을 그만둠 (부부관계에 문제).
- 癸亥 대운 : 戊癸合(인성+식신=투자), 亥午合으로 좋다. 戊戌年 丑戌刑으로 투자 실패, 己亥年 午亥合으로 투자 성공.

(47) 辛卯 일주

- 辛金이 땅에 떨어지면 좋지 않다.
- 卯木이 주공하면 좋고, 유전되어야 쓸모가 있다(卯辰穿을 기뻐한다).

乾　丁辛癸丁
　　酉卯卯未

· 丁癸冲으로 관살을 제하는 주공(冲은 완전 제압이 안 돼서 변호사, 약사). 卯酉冲으로 유통, 丁火로 허투(허실 구조). 丁酉=환자. 환자를 이용해 돈 버는 병으로 의사 命.
· 庚子 대운 : 겁재 대운이라 큰 돈은 못 벌었다.
· 己亥 대운 : 己=未, 卯未合 목토 조합 투자하여 부동산으로 대발. 卯酉 冲 응기하여 돈 많이 벌었음.
· 戊戌 대운 : 戊癸合, 丁火가 辛金을 바로 克. 건강상 문제 발생, 酉戌穿 으로 팔, 다리 다침. 아무것도 하지 못하고 집에만 있음.

坤　庚辛癸丙　　57 47 37 27 17 07
　　寅卯巳申　　丁戊己庚辛壬
　　　　　　　　亥子丑寅卯辰

· 卯 대운 辛酉년 암 진단.
· 辛金이 사, 절지에 있고, 癸水에 설 당해 수명이 짧은 命.
· 대운이 절, 묘지로 가는 중(卯, 寅, 丑).
· 卯/辛酉년, 녹(辛酉)이 절에 앉음(암 판정).

乾　甲辛庚己
　　午卯午卯

- 甲午, 午 : 큰 재. 午卯破로 유통. 午→己土로 허실 구조.
- 己巳 대운 : 巳火로 火가 많아져서 안 좋다.
- 戊辰 대운 : 卯辰穿으로 午卯破 주공이 안 된다.
- 丁卯 대운 : 午火로 허투, 甲己合 재인방대로 크게 대발, 午卯破 유통.
- 丙寅 대운 : 丙辛合 좋고, 寅午合으로 많아져 안 좋다.
- 乙丑 대운 : 卯가 허투(고객이 사라지고). 辛, 庚이 乙庚合으로 丑으로 입묘 사망.

(48) 辛巳 일주

- 巳火는 다른 성이 合하는 것을 두려워한다.
- 女命에 지지에 申金, 亥水가 오면 혼인에 문제가 있을 수 있다.
- 己亥時 배합을 좋아한다. 금수상관 命이 되어 권력지향적인 사람이 많다.
- 포국일 경우 당관 확률이 높다.

乾

己	辛	丙	己
丑	巳	子	亥

56 46 36 26 16 06
庚 辛 壬 癸 甲 乙
午 未 申 酉 戌 亥

- 본래 경찰인데 도인의 권유로 해산물 식당을 해 대발한 命.
- 己亥 자합. 子丑合으로 인성으로 식상을 제압(남의 자유 뺏는 경찰 命).
- 巳亥沖(巳火가 丙火로 투출, 관성이 제압이 안 돼서 돈으로 봄). 巳火= 고객.
- 年의 己亥와 時의 己丑은 점포로 전국적인 체인 운영.
- 壬申 대운 : 壬水가 많아져 안 좋고, 丙辛合을 깨서 안 좋다. 巳申合으로

유통되어 좋다(겁제 대운이라 안 좋을 수 있는데 유통 구조
라서 좋다).
· 辛未 대운 : 子未穿, 丑未沖(인성으로 고를 열어 많은 가게를 연다).
· 庚子 대운 : 子午沖으로 좋다.

乾 | 己 辛 壬 壬 |
    | 亥 巳 子 子 |

· 정치 지망생으로 사업체 운영하는 命.
· 辛巳 일주가 己亥時 보면 금수상관 命으로 권력지향적인 사람.
· 丙辰(37대운) 대운 : 丙辛合(반국), 辰 속으로 壬子. 亥水가 다 들어가
                    안 좋다.
· 丁巳(47대운) 대운 : 丁壬合, 辛巳 자합, 巳亥沖 좋다.
· 戊午(57대운) 대운 : 戊土는 辛金한테 좋지 않고, 壬水를 극, 己亥 자합
                    으로 巳亥沖 주공이 잘 안 된다.

乾 | 丁 辛 乙 乙 | 58 48 38 28 18 08
    | 酉 巳 酉 未 | 己 庚 辛 壬 癸 甲
                      卯 辰 巳 午 未 申

· 식약청 3급 공무원으로 辰/戊子년 퇴직하고 壬辰年에 사업체 운영 命.
· 乙辛沖, 巳酉合(관과 관의 원신 제압), 未→丁火로 허투 유통구조.
· 辰 속으로 酉(2개) 입묘(포국이 무너진다). 子巳절(관과 절) 퇴직.
· 己卯/壬辰年 법인 설립. 辰酉合, 卯酉沖 돈 벌러 간다.

■ 壬水 일주

· 壬水는 丙火, 戊土, 庚金을 좋아하고 甲辰時 배합을 좋아한다(사업 命, 공직자).
· 壬水는 卯木을 두려워한다. 물이 동으로 가면 사, 묘, 절이라 나쁘다.
· 물이 많으면 흘러야 좋은데 戊土(己土)가 막으면 흉이 생긴다.

(49) 壬寅 일주

· 女命은 식신을 깔고 있어 매우 강한 命이 되고, 男命은 부인이 강한 命이 된다.
· 申, 巳火가 오면 안 좋다. 특히 亥水가 오면 寅亥합으로 寅 중 丙火가 손상 입어(생각, 심장, 머리) 싫어한다.
· 포국이 형성되면 당관할 수 있다(寅木이 폭력, 동력이라 좋은 인물도 많지만 범죄자도 많다).

乾　辛 壬 戊 戊
　　亥 寅 午 辰

· 寅木=부인으로 극성맞다.
· 교장선생님 命(戊, 寅=학당, 辛亥=지휘봉, 亥午合으로 戊午 대상 제압). 대상을 제압하는 亥, 子, 丑 대운이 좋다.
· 卯 대운(82대운)에 사망(壬水는 卯木을 두려워한다).

乾　壬 壬 乙 乙
　　寅 寅 酉 丑

- 노모를 살해한 죄로 수감된 폐륜아.
- 寅=친어머니, 酉=모궁, 寅酉절(모친이 모친궁에 못 들어가고 수명이 짧다).
- 비겁, 상관이 丑(관)을 제압하려 하나 酉金이 있어 제압하지 못해서 관에 대항하는 명이다(乙木이 丑土를 克, 寅丑合으로 관에 대항).
- 己卯 대운 戊午年 : 寅木 인동하여 寅酉절로 모친을 죽이고, 寅 중 丙火 가 꺼져 감옥. 卯酉沖, 酉金 인동.

乾
| 庚 | 壬 | 甲 | 辛 |
| 戌 | 寅 | 午 | 巳 |

66 56 46 36 26
丁 戊 己 庚 辛
亥 子 丑 寅 卯

- 교수도 하고 국회의원도 한 命(민주화 운동도 했음). 壬寅 일주 庚戌時 배합 좋다.
- 寅 대운 : 寅巳穿으로 巳 중 戊土가 있어 국가로 민주화 운동도 하고, 공직을 오래 못 한다(寅=공직).
- 己丑/戊辰年 : 甲己合(실식신+관합)으로 대운이 안 좋은데 세운이 좋다. 辰土에 己丑이 입묘하여 辰戌沖, 戌을 제압(국회의원 당선). 丑/壬申년, 寅申沖, 丑午천으로 포국을 깨어 국회 의원 낙선.
- 戊子 대운 : 戊 대운 그저 그렇고 子 대운은 녹이 내려와 좋지 않다.
- 丁亥 대운 : 寅亥合으로 중풍 걸린다.

(50) 壬辰 일주

- 재가 많은 것을 좋아하지 않고, 壬水가 왕한 것을 좋아한다(壬辰 일주가

- 다른 일주와 달리 기존 명리와 해석에서 오류가 가장 많음).
- 辰戌沖을 두려워하고, 卯辰穿과 辰酉合을 좋아한다(辰은 왕성해질수록 좋고, 辰 속으로 다른 것이 입묘하여 커질수록 좋다).
- 時支에 庚金이 있으면 辰土를 괴하여도 상관없다.
- 인성이 왕할수록 돈을 많이 번다(申보다 酉가 더 좋다).
- 辰 자체를 돈으로 본다. 辰은 관살인데 재로 본다.
- 년에 辰이 있고 월에 酉가 있으면 살인상생하면 부귀가 따른다.

〈時가 다른 命〉

坤
癸	壬	丁	己
卯	辰	丑	酉

- 丁火 허투루 재가 없어 좋고 酉金이 있어, 酉→丑→辰으로 입묘 되어 辰이 커져 좋다. 卯辰穿, 계수 허투 유통 주공(부자 명).
- 丁癸沖, 丁丑이 포국이 안 되고, 도화가 없고 관재문.
- 壬午 대운 : 丑午穿으로 丑이 辰으로 빨리 입묘되어 좋다.
- 癸未 대운 : 丑未沖으로 丑이 입묘되지 않아 좋지 않지만 卯未合, 卯辰穿 주공되어 나쁘지는 않다.
- 卯辰穿으로 이혼하고 己酉가 두 번째 남편(辰土=남편).

坤
甲	壬	丁	己
辰	辰	丑	酉

- 甲木이 丁火를 生하고 壬水를 설기하고 재가 많아져 안 좋다.
- 丁火가 살아 있어 丁丑이 포국이 되어 돈 많은 남자에게 포양된 命(辰= 남편, 丁丑에게 포양된 命).
- 甲己合으로 실식신+관합으로 안 좋고 己酉는 멀리 있는 남자(己酉=애 인).
- 돈 많은 남자에 의해 포양되어 돈이 많은 命이고, 돈을 탐하는 命(甲木이 丁火를 生).
- 윗命은 卯辰穿으로 본인이 일해서 부자가 된 命.

乾 | 庚 壬 戊 辛 | 76 66 56 46 36 26 16 06
   | 戌 辰 戌 丑 | 庚 辛 壬 癸 甲 乙 丙 丁
   | | 寅 卯 辰 巳 午 未 申 酉

- 庚金이 있으면 辰戌沖으로 辰이 제압 당해도 죽거나, 큰 문제가 없다(戌 로 辰과 丑을 제외).
- 乙未 대운 : 丑戌未三刑으로 火가 열려 당뇨가 왔다.
- 甲午 대운 : 丑午穿으로 丑이 辰으로 빨리 들어가 대발(辰이 커져 좋다).
- 癸巳 대운 : 辰이 戌을 잡아 반국이 되어 크게 파재(戌이 辰, 丑을 잡는 주공인데 癸=辰, 巳=戌로 癸巳 자합으로 반국).
- 당뇨로 30년 고생한 命.

乾 | 庚 壬 壬 壬 |
   | 子 辰 子 寅 |

- 왕한 물은 흘러가야 한다(寅木으로 설용 주공). 만약에 원국에 申, 酉가

있으면 寅木이 흉신이 된다(寅酉절, 寅申沖).
· 甲寅, 乙卯 대운이 좋다(설용 주공).
· 丙辰/甲申년 사망, 辰 속으로 왕한 水가 입묘, 寅 중 丙火 허투(유일한 양), 寅木 허투 寅申沖으로 흐르는 곳이 사라진다.

(51) 壬午 일주

· 정성이 정위에 있어 다른 성에 괴 되면 혼인이 나쁘다.
· 壬午 일주는 卯木을 두려워한다.

```
癸 壬 壬 0
卯 午 子 0
```

· 연체되었을 때 癸卯時를 볼 때 子卯破로 체가 체를 파해 단명하게 된다.
· 壬午 일주는 당관하려면 포국이 되는 게 좋다(午火=재, 관).

坤
```
庚 壬 壬 己
戌 午 申 酉
```

· 壬午 일주가 庚戌時 배합하면 공직 命이 많다.
· 己土는 남편, 己土는 壬水를 극해 부부 사이가 안 좋음.
· 남편도 여자가 있고(壬申), 본인도 午戌合으로 차고 있는 남자가 많다(庚=申=겁재)가 차고 있고 편인). 그 남자는 여자에게 잘해 준다.

乾　| 癸 壬 壬 壬 |
　　| 卯 午 子 子 |

- 癸卯時를 보아 안 좋다.
- 甲寅 대운 乙亥년 사형 당함. 寅午합으로 午卯破(비겁, 상관이 관에 대한 구조. 범죄 행위: 사람을 죽인다). 乙木이 卯木을 응기, 子卯破로 체와 체를 破해 사형 당함(상하 반국: 癸水는 卯木을 生, 子水는 卯木과 子卯破).

乾　| 戊 壬 丙 辛 |
　　| 申 午 申 丑 |

- 丙火가 丙辛합, 丑午穿(午火로 丑을 제압), 그런데 丑이 쉽게 제압하기 힘들어 사주의 병(재인득권).
- 辛卯 대운 戊子年 : 戊=丙, 子=申이라 卯申합으로 申金이 제압(丙申이라 申金이 제압되어 가능), 무난하게 좋았다.
  己丑年에 좌천. 丑이 午火를 잡아 반국.
- 庚寅 대운 癸巳年 : 직장에서 영전. 丑이 癸水로 허투, 戊癸합, 寅午합으로 丑午穿 제압 가능(申金이 庚金)

(52) 壬申 일주

- 壬申 일주는 巳申합하는 것을 두려워하지 않는다(巳申합은 재인방대로 재를 가졌다는 의미).
- 庚申 일주의 巳申합은 제압된 巳火를 합하면 관직 命이 되고, 제압되지

않은 巳火를 합하면 안 좋다.
· 壬申 일주 女命은 남자가 돈을 갖다 주고, 밖에 있는 남자를 좋아한다. 본인이 차기 때문에 따뜻한 것을 좋아한다. 성격이 강하고, 혼인이 안 좋고, 남자 하나로는 부족하다. 男命 역시 성격이 강하고 고집이 세고, 외도 하는 사람이 많다.

坤　| 乙 壬 丁 壬 |
　　| 巳 申 未 寅 |

· 주공이 丁壬合(년월의 재)으로 월급 命도 되고, 巳申合으로 사업을 할 수도 있는 命.
· 癸卯/甲申年 사업 시작으로 대발. 卯木이 乙木 응기(식신생재). 巳申合. 甲木은 寅木이 허투 직장 그만두고, 甲申年(식신+인성=투자)에 사업 시작.
· 壬寅 대운 : 寅巳申三刑으로 혼인에 문제(처궁 삼형). 남편 丁未는 명목상 남편, 밖에 남자가 많고, 남편도 여자가 있다(丁壬合).
· 女命에 재가 왕성하면 남편이 재물 운이 없다. 女命에 재가 가벼우면 남편이 재물 운이 좋다.

坤　| 甲 壬 丁 戊 |　　51 41 31 21
　　| 辰 申 巳 午 |　　辛 壬 癸 甲
　　　　　　　　　　　 亥 子 丑 寅

- 丁壬合, 巳申合 월급 命으로 癸丑 대운 庚寅年 이혼. 申金→)庚金으로 허투(궁 허투). 寅申沖, 丑午穿으로 이혼. 丁癸沖, 丑午穿 관재문.
- 壬子, 辛亥 대운 : 돈은 잘 버는데(子午沖, 巳亥沖) 관재문으로 남자에 관심이 없다.

```
乾   甲 壬 甲 丁
     辰 申 辰 酉

乾   丁 壬 丙 庚
     未 申 戌 戌
```

- 첫 번째 命은 壬申이 포국이 되어 권력이 되는 命. 식신제살격으로 검사 命.
- 壬寅 대운 : 甲이 주공. 사법고시 합격(칠살 잡는 주공).
- 辛丑 대운 : 辛丑이 辰으로 들어가 좋다(辰이 커질수록 좋다).
- 庚子 대운 : 申金이 허투. 공직을 그만둔다. 子辰合으로 물이 되어 주공을 못한다.
- 두 번째 命은 壬申이 포국되어 공직 命인데 申金이 庚金으로 허투. 공직은 못하고 丁壬合, 丙壬沖 영화배우 命.

(53) 壬戌 일주

- 좌하에 재고로 포국이 형성되면 격이 크다(丑, 未, 辰으로 재고를 열면 좋다).
- 女命에 刑이 들어오면 혼인이 나쁘다.

乾　| 辛 壬 己 辛 |　66 56 46 36 26 16 06
　　| 亥 戌 亥 丑 |　壬 癸 甲 乙 丙 丁 戊
　　　　　　　　　　 辰 巳 午 未 申 酉 戌

· 직장 다니다가 사업을 한 命. 丑戌刑으로 재고를 연다.
· 丙申 대운 : 丙申合. 丑戌刑 재고 열어 좋다.
· 乙未 대운 : 己土를 극 (흉신 제거), 丑戌未三刑으로 丑戌刑 주공을 깬다(직장 그만둔다).
· 甲午 대운 : 甲己合, 午亥合, 丑午穿(戌에서 나온 午火를 제해서 戌을 제압하는 것과 같다).
· 癸巳 대운 : 丑에서 癸水 허투(丑戌刑 주공이 안 된다). 겁제가 戌에서 나온 巳火를 가지고 간다.
· 壬辰 대운 : 체가 다 들어가 안 좋을 수 있고, 丑戌刑으로 丑고를 열었는데 또 열려고 해서 안 좋다.

乾　| 甲 壬 癸 戊 |
　　| 辰 戌 亥 子 |

· 어릴 때는 수재였으나 직업 운이 좋지 않았고, 자식을 많이 둔 命.
· 戌土를 잡는 주공인데 戌土가 戊土로 올라가 壬水, 癸水를 克(반국).
· 甲, 乙 대운은 戊土 흉신을 제거해서 좋았다.
· 관살을 제하는 주공은 자식이 많고, 자식궁이 튼튼해서 더욱 더 그러하다.

乾　| 乙 壬 戊 乙 |
　　| 巳 戌 寅 未 |

58　48　38　28　18　08
壬　癸　甲　乙　丙　丁
申　酉　戌　亥　子　丑

- 부자 命이고 오른쪽 눈에 장애가 있고, 딸 1명만 있어 자식 복이 없는 命.
- 乙木→巳火→戌로 입묘하여 戊土로 허투(유통 구조, 식신 생재로 재가 많은 命).
- 癸酉 대운 : 戊癸합. 酉戌穿 대발.
- 丙子 대운 : 巳火 허투, 子未穿 유통.
- 乙亥 대운 : 寅亥합해서 많아져 안 좋다가 나중에 巳亥沖으로 돈을 번다,
- 壬申 대운 : 巳申합 유통.
- 巳, 戌, 戊를 눈으로 보면 寅戌 공합으로 戊土가 머리 위의 눈으로 乙未의 乙木(실)이 戊土를 克(눈에 장애).
- 寅巳穿(자식궁), 未戌刑, 乙木이 戊土를 克, 자식궁과 자식성 깨져 자식 복이 없다.

(54) 壬子 일주

- 子卯破를 두려워한다. 子水의 원신(인성)이 있을 때는 괜찮다.
- 壬子는 연체라 괴되고 안 좋고. 천하는 것도 안 된다.
- 子水(양인)를 깔고 있어 뒷끝이 있다(곤조가 있다).

乾　| 壬 壬 己 乙 |
　　| 寅 子 卯 卯 |

사주명리를 해석하는 방법

· 가스 중독으로 사망한 命. 같이 있었던 여자는 살았음.
· 丁丑 대운 甲戌年 : 사망. 일주를 도와주는 세력이 없고 寅木에 설기되어 子水가 힘이 없어 子卯破로 응기되면 죽는다.
　　　　　　　　子丑合(子水 응기), 卯戌合(卯木 응기), 子卯破 응기.
　　　　　　　　子丑合도 子水를 克.
· 寅 中 丙火는 여자로서 寅丑合은 되는데 丑戌刑으로 丑을 제거하고 寅戌合으로 여자는 생존.

乾　| 癸 壬 戊 乙 |
　　| 卯 子 子 巳 |

· 똑같은 命인데 한 쪽은 공직을, 다른 쪽은 사업을 해서 돈을 많이 벌음.
· 戊癸合, 戊子 자합으로 관으로 양인 제압(공안 계통 공직자). 戊土는 근이 있어 권리로 보고, 子水가 왕해서 子卯破도 괜찮다.
· 한 사람은 卯木이 生. 乙木이 생. 巳火가 큰 재인데 戊土로 허실 구조(사업 命). 戊癸合으로 유통되어 좋다.

乾　| 己 壬 丁 丙 |
　　| 酉 子 酉 子 |

· 평생 가난하고 힘들게 산 命.
· 己土가 壬水를 克. 己土 흉신, 酉金도 흉신, 흉신 포국. 子酉破 체를 파.
· 水가 왕성한데 설용이 안 되고 신강한데 재가 허투하여 가난한 命.
· 주공은 없고 흉신 포국.

■ 癸水 일주

· 癸水는 戊土를 좋아하고 己土를 싫어한다.
· 癸水는 辛金이 생해 주는 것을 좋아한다. 辛金이 투간하여 己土를 만나면 살인 상생되어 좋다.
· 癸酉 일주 命 자체가 좋지 않다(酉金이 제압되면 좋지만 제압 안 되면 나쁜 命).

(55) 癸丑 일주

· 丑土는 괴되도 좋다.
· 甲木 배합을 좋아하고 辛金과 甲木이 동시에 출현하면 좋지 않다(甲木을 권리로 본다).

〈時만 다른 두 개의 命〉

乾　甲 癸 辛 壬
　　子 丑 亥 寅

59 49 39 29 19 09
丁 丙 乙 甲 癸 壬
巳 辰 卯 寅 丑 子

· 甲木이 나올 때 辛金이 나와 좋지 않은 命. 癸水 일주의 甲木은 권리.
· 甲寅 대운 : 甲木이 나와 공직. 寅丑合으로 승급.
· 乙卯 대운 : 乙辛沖. 子卯破 승급이 없다.
· 丙辰 대운 : 寅 중 丙火가 허투(양이 사라짐). 丙辛합으로 辛金이 甲木을 치는 응기(감옥).

乾 | 壬 癸 辛 壬 |
　　| 戌 丑 亥 寅 |

- 甲木이 없어 권력이 없고, 재정 부분 공기업 간부
- 甲寅 대운 : 寅丑합(승급).
- 乙卯 대운 : 乙辛沖. 卯戌합으로 戌를 克. 丑戌刑 좋지 않다.
- 丙辰 대운 : 丙壬沖. 丙辛합(재가 허투. 유통되어 좋다. 재인방대). 辰 대운 포국이 커져 좋다(丑, 亥 입묘).

坤 | 乙 癸 壬 壬 |
　　| 卯 丑 寅 午 |

- 비겁 쟁부. 식상 포국. 丑=남편, 丑午穿 식상으로 克을 당해 남편이 별 볼일 없다. 寅丑합으로 다른 여자가 합해 가는 상.
- 己亥/ 壬子 : 寅丑합 극으로 불화 발생. 癸丑年, 복음(寅丑합으로 남편 가출).
- 戊戌 대운 : 戊癸합, 丑戌刑 寅午戌三합으로 대운에서 온 남자(戊土)를 만나 돈 다 까먹음.
- 丁酉 대운 : 丑午穿으로 돈 벌었음.
- 丙申 대운 : 卯申합으로 체를 괴하여 안 좋지만 돈은 번다.

坤 | 乙 癸 戊 丁 |
　　| 卯 丑 申 巳 |

- 남편(戊, 丁, 巳)과 자식(卯=공망=아들) 때까지 벼슬한 命.
  戊土가 관통재.
- 巳申合으로 남편이 큰 권력을 가진다. 卯申合 하면 자식이 안 좋을 수
  있지만 巳申合으로 제하고 있어 아들도 큰 권력이 있다.

(56) 癸卯 일주

- 癸卯 일주는 卯가 내 체는 아니지만, 卯木을 써야 하는 경우가 많은데
  辛酉時를 만나면 卯木을 제압해도 된다.
- 壬子時로 태어나면 子卯破로 안 좋다.

乾   癸 癸 辛 己
      丑 卯 未 丑

- 己土→辛金→癸水를 생하고(관인 상생), 卯木으로 설기하여 똑똑하다.
  서울대 교수로 국가 혜택을 받는 命.
- 丁卯 대운 丙寅년 : 폐병으로 사망, 己=흉신=丑, 흉신포국으로 丙辛合,
  寅丑合으로 흉신포국 응기. 丁火가 辛金을
  克해, 己土가 癸水를 바로 극. 丑=폐병으로
  연체되어 있어 폐병이 걸리면 낫기 어렵다.

乾   辛 癸 戊 庚
      酉 卯 寅 申

- 寅, 卯가 포국의 생발(약)이 고귀한 命. 한의사 命.

- 卯酉沖, 寅申沖(환자를 약으로 치료). 戊癸合으로 관이 허투. 명예.
- 丙辛合으로 辛金(수명선)이 괴. 뇌출혈(중풍)로 사망.

坤 | 辛 癸 己 辛 |
　　| 酉 卯 亥 未 |

- 辛酉時를 만나면 卯木을 제압해도 되어서 卯酉沖(인성으로 식신을 沖)함.
- 돈을 벌 수도 있고, 효신탈식으로 남의 자유를 빼앗는 경찰, 검찰을 할 수 있는 命.
- 壬寅 대운 : 寅酉절(하는 일마다 안 된다).
- 癸卯 대운 : 卯酉沖으로 사업을 해도 좋다.
- 甲辰 대운 : 甲己合(권력을 갖는 상), 卯辰穿으로 엄청 좋은 운.

(57) 癸巳 일주

- 정궁, 정성이라 巳申合, 寅巳穿이 되면 혼인에 문제가 발생.
- 좌하의 재, 관은 포국을 기뻐하고 조합이 좋으면 부귀가 따른다(돈 많은 사람이 많다).
- 남녀 모두 주색잡기를 밝히고 특히 男命은 여자관계가 복잡한 경우가 많다.

乾 | 乙 癸 甲 壬 |
　　| 卯 巳 辰 辰 |

- 卯木→巳火→辰土를 生해 卯辰穿으로 잡아야 되는데(辰이 강해져 힘이 세서 제압이 쉽지 않다), 잡지 못해 반국이 되는 命(체와 체를 穿).

- 비겁, 상관이 관에 대항하는 命이고 甲木이 있어 조직의 두목(범죄 집단).
- 酉 대운 : 辰酉合, 卯辰穿 응기, 사형 당함. 卯辰穿이 있어(식신을 穿), 거짓말을 잘 하고 사기성이 있고 성격이 나쁜 命.

〈인성이 많은 命〉

坤　辛 癸 己 壬
　　酉 巳 酉 申

- 甲寅 대운 : 己土가 없으면 당관 命. 甲己合(흉신 제거)대발. 흉신 포국, 巳酉, 巳申合 재인방대로 큰 재.
- 寅 대운 辛酉年 : 寅巳穿으로 재가 깨쳐 기업 파산. 흉신 포국 응기로 감옥행.
- 戌 대운의 巳火 입묘, 亥 대운의 巳亥沖, 子 대운의 子巳절 모두 재가 깨쳐 안 좋다. 인성이 많으면 반드시 재가 있어야 한다, 없으면 버린 팔자.

乾　庚 癸 丙 辛
　　申 巳 甲 丑

- 인성이 왕성할 때 재가 역할을 해야한다. 재를 돕는 운이 오면 좋다.
- 乙未. 甲午 대운 때가 좋았다.
- 癸巳 대운 : 거지가 되었다. 丙火를 克. 癸巳 자합으로 불이 꺼짐(재의 역할이 없다).
- 巳 대운 : 巳申合, 丙辛合(재인방대).

```
乾    甲 癸 丙 癸
      寅 巳 辰 卯
```

- 辰土가 관통재로 卯辰穿. 辰土가 癸水로 허투되어 사업 命인데 時에 甲寅이 있어 권력 추구. 시장 命.
- 辛亥 대운 辛卯년 : 화성 시장 당선. 亥水-)卯木生, 卯辰穿 주공, 재선 성공.
- 辛亥 대운 甲午年 : 재선 성공. 亥卯合, 卯辰穿 주공. 午火가 와서 寅午 合으로 사주의 병인 寅巳穿 해결. 巳火=부인, 丙辰=도화=질 나쁜 여자.
  ※ 癸巳 일주 男命은 여자 문제로 문제가 발생한 사례.

(58) 癸未 일주

- 좌하에 칠살이 있어 포국이 형성되면 귀하다. 인성 포국을 기뻐한다. 未는 일주의 묘이고 흉신이다, 일주가 의지할 곳이 없으면 흉신으로 본다(辛金이 있으면 괜찮다).
- 未는 일주의 묘이고 흉신이다. 일주가 의지할 곳이 없으면 흉신으로 본다(辛金이 있으면 괜찮다).

```
乾    己 癸 丙 辛
      未 未 申 丑
```

- 申=겁재로 허리. 丑未沖 육체 노동.
- 사주가 土로 출발해서 土로 끝난다(변화가 없는 命=가난한 命).
- 水, 火로 이룬 팔자(기로 형성). 돈도 많고 부자가 많다. 金, 木은 형태로

손, 발로 본다. 몸으로 때우는 命이 많다.
- 형. 기 변화는 命이 변하는 것으로 가치를 높인다.

乾 | 辛 癸 癸 丁 |
　　| 酉 未 卯 酉 |

- 인성 포국, 辛金이 癸水를 생해 卯, 未를 제해도 된다.
- 인성으로 식상을 제압(경찰, 공안).
- 戊 대운 : 戊癸합 승급. 경찰간부로 급이 있음(칠살에 앉아 권리가 있다).
　　　　　 未 중 丁火가 첫부인으로 丁火로 허투(이혼),
　　　　　 卯木은 두 번째 부인(이혼녀).

乾 | 癸 癸 庚 庚 |
　　| 丑 未 辰 子 |

- 40년 공무원 命. 6급 계장.
- 乙酉 대운 壬午年 : 이혼. 未중 丁火가 부인인데 乙木이 未土(궁)로
　　　　　　　　　　허투. 丑未沖(궁이 괴). 壬午年 겁제가 데리고 감
　　　　　　　　　　(午未합).
- 丙戌 대운 丁酉년 : 위, 대장 수술 및 경추 질환. 丑戌未三刑으로 丑=
　　　　　　　　　　비장, 未=위장. 辰戌沖(辰酉 합동) 辰=허리.

(59) 癸酉 일주

- 酉金이 제압이 되는 것을 좋아한다(戌이나 火가 있어 제압이 되면 좋다).

제압이 안 되는 命은 좋은 命이 될 수 없다.
· 효신에 앉아 있어, 식신을 만나는 것을 두려워 함(효신 탈식).

坤　| 甲 癸 丙 壬 |
　　| 寅 酉 午 戌 |

· 酉戌穿(재인 득권), 공무원 命(인성 제압), 혼인은 안 좋다. 甲寅은 권력, 午 中 己土=남편, 寅午合(남편도 공무원).
· 아버지=丙午戌, 어머니=甲寅, 寅 中 丙火=계부, 壬戌=계모.
· 아버지가 이 딸을 낳은 후에 함께 살지 못하고(午酉破, 酉戌穿)이혼, 이 딸은 엄마하고 살게 된다(癸水는 甲木을 生).

乾　| 甲 癸 乙 癸 |
　　| 寅 酉 卯 卯 |

· 酉=자동차, 卯=역마=자기 생각, 卯酉沖 운전하는 命.
· 辛/庚辰년 : 乙庚合, 卯辰穿으로 연체 괴. 寅木이 살아 있어 죽을 뻔 했다.
· 辛/甲申년 : 寅木 허투, 寅申沖, 卯申合 절로 연체가 괴로 사망.

坤　| 丁 癸 癸 壬 |
　　| 巳 酉 卯 辰 |

· 병원 식당에 근무. 남편과 이혼, 돈이 들어오면 나가기 바쁜 命.
· 卯辰穿으로 卯木이 깨쳐, 巳火를 생하지 못하고, 辰酉合으로 酉金이

더 강해지고, 巳火가 辰土를 생해 巳火가 설기되어 酉金이 제압이 안 되어 안 좋은 命.
- 비겁에 식상이 관(辰)을 穿하고, 일지 편인이라 정상적인 혼인 생활이 불가하다고 볼 수 있는데, 卯木이 깨져 써먹지 못해 극단적인 경우는 아니다. 재의 원신이 깨져 丁巳가 큰돈이 아니다. 丁壬合으로 돈을 벌어도 남이 갖고 가기 바쁜 命.

(60) 癸亥 일주

- 통근 지수로 生해 주면 좋고(酉金으로 生), 너무 왕성하면 戊, 戌로 제압해야 좋다.
- 辛酉時 배합을 좋아하고, 甲의 투간을 기뻐한다.

乾　甲癸己壬
　　寅亥酉寅

- 언뜻 보면 권력 命으로 보이나 실제로는 관리사무소 소장 命.
- 甲己合으로 甲木(권력)을 사용할 수 없고, 寅亥合으로 불이 커져 권력이 없고, 탐록 망관 命이라 일을 하지 않는 命.
- 寅亥合으로 부인이 늘 감시하고 통제해서 힘들고, 그 부인이 뇌졸중에 걸렸다.
- 甲寅의 상은 얼굴로 관상 보는 것을 잘하고, 甲己合으로 명성 또한 있다.

乾　戊癸戊庚
　　午亥子午

· 문제아 命으로 흉신 포국.
· 원국에는 비겁, 상관이 관에 대항하는 穿, 刑, 破가 없었는데 辛卯 대운에는 午卯破가 발생하여 대운에서(亥 중 甲木 상관) 관에 대항해 刑, 천. 破가 발생하여 감옥 가게 됨.

乾
| 甲 | 癸 | 乙 | 癸 |
| 寅 | 亥 | 丑 | 巳 |

· 癸巳 자합, 巳亥沖 주공(숫자로 재를 버는 命 : 세무사).
· 첫 번째 부인은 별궁에 있는 巳火로 巳亥沖이 있어 짧은 인연.
  두 번째 부인은 甲寅. 寅巳穿이 있어 甲寅은 이혼한 命(처성이 穿할 때 그 성은 이혼한 命).
· 寅亥合으로 甲寅은 제대로 쓰지 못해 공직자 命은 아니다(水木 상관 命).
· 巳火=전 부인의 딸, 丑=두 번째 부인이 낳은 아들.
· 戊午 대운 : 丑午穿으로 아들에게 문제 발생.

사주명리의 비밀의 문을 여는 열쇠 9
- 중요 사례 학습을 통한 사주 해석 방법

　수많은 사주를 놓고 사주팔자를 정확하게 해석하는 일은 그리 간단하지 않은 일이며 제대로 된 통변을 할 수 있는 능력은 수많은 시간과 노력과 경험을 통해서만 얻을 수 있다. 앞에서 여러 가지 형태와 방법으로 해석의 논법을 제시했지만 실제로 적용하여 모두가 만족할만한 수준을 보여준다는 것이 얼마나 힘든 일인지 실감하면서 사주 해석의 한계점을 드러내어 스스로 자책하고, 부끄럽게 생각한 적이 한 두 번이 아니었다. 난공불락의 한계를 느끼게 하는 경험을 자주 하게 되었다.

　사주를 펼쳐보자마자 그 사주가 지향하는 바를 단번에 알아보고 운의 흐름에 따라 한 폭의 산수화를 그리듯이 그 사람의 살아온 과정을 읽고, 희노애락을 점검해 주면서 살아가는데 필요하고, 도움이 되는 역할을 해 주고 싶은데 그 경지에 이르기가 정말 쉽지 않아 스스로 한계를 느낀 적이 많았다. 물론 많은 분들이 현업에서 많은 사주를 통변하면서 많은 시행착오 속에서 값진 경험으로 사주 해석의 깊은 통찰력을 얻어야 한다고 주장한다.

　제대로 된 사주 해석 능력을 갖추는 것은 숱한 실전과 경험의 양에 좌우되는 것으로 누구나 마음만 먹으면 얻을 수 있는 능력은 아닌 것 같다. 하지만 그런 과정을 통해 능력을 갖기 전에 어떻게 하면 완벽하지는 않지만 사주 해석에 필요한 혜안을 짧은 시간 내에 습득하는 방법이 없는지에 대해 많은 고민을 했고 노력을 했다. 결국 실력 있는 선생님의 통변 내용과 여러 가지 사례 연구를 반복 학습을 통해 사주 해석의 핵심 기법을 내 것으로 만드는 것으로 엄청난 양의 경험을 통해서만이 체득할 수 있는 노하우를 얻을 수 있었다. 그 방법만이 조금이라도 시간을 절약하면서 능력을 갖추는 효율적인 방법이라는 결론을 얻은 것이다. 그런데 그런 구체적이고 본인의 노하우를 가감없이 통변한 내용을 얻을 수 있는 방법은 쉽지도 않고 많지도 않다.

박청화 선생의 〈실전 명리학 시리즈〉속에서 나의 생각과 의도를 관철할 수 있는 통변 내용을 접하게 되어 사주명리 해석에 깊은 이해와 미약하지만 사주를 볼 수 있는 눈을 얻게된 것이 큰 행운이라고 할 수 있다.

지금부터 제시하는 방법은 필자가 감명한 사람들의 사주를 사례별로 소개함으로써 수많은 감정을 통해서만이 얻을 수 있는 사주 해석 기법의 핵심 부분을 활용하여 가장 효과적으로 사주 해석을 하는 〈사례 연구 학습법〉이라 할 수 있다. 이러한 내용 중에는 박청화 선생의 〈실전 명리학 시리즈〉에서 많은 영감을 얻었고 사주 해석의 근본이론을 인용했음을 밝혀둔다.

(1) 사주 해석의 중요 체크 포인트

① 음양

조후적인 측면에서 제대로 써먹고 못 써먹고 하는 문제 발생. 예를 들면 조후가 기울어지면 사회적 활동이나 건강 문제. 공부하는 운도 인성이 있어도 제대로 활용 못하는 등 노력에 비해 결과물이 적다.

② 오행

소재적인 측면에서 부족한 오행으로, 혹은 없는 오행으로 인한 사주에 어떤 영향을 줄지에 대한 이해가 필요하다. 火가 부족한 命은 사회성 부족 및 본인 뜻을 이루는데 더디게 진행되는 것을 확인할 수 있다.

③ 육친

직업 패턴에서 가장 많이 분석된다. 그 사람의 고유 직업적 특성이나 또는 운에 의해서 간섭받아 왜곡될 수 있지만 전체적으로 다 드러나게 되어 있다. 재성이 편재냐 정재이냐에 따라 판단할 수 있는 근거를 여러 가지로 생각할 수 있다. 편재라서 모두가 사업으로 가는 것이 아니라 오행적 대세가 약한 경우에는 절반은 조직으로 볼 수 있고, 정재라고 해서 사업성이 아예 없는 것은 아니라 사업 속성이 유동이 아닌 안정성에 기분을 둔다.

④ 무자론

무엇이 없다는 것은 그 방면으로 인연을 열기가 어려운 과정이 있다고 보면 된다. 女命에 재성이 없고 男命에 식상이 없는 경우
서로 배우자 덕을 지속적으로 입기가 쉽지 않다는 것을 알 수 있다.

⑤ 좌표론

年, 月에 있는 위치에 의해서 영향을 많이 주고 기본 환경을 주는 데 많은 차이가 난다.

⑥ 천간, 지지, 지장간에 배치되어 있는 육친 파악

지지는 그 사람의 직업적 환경이나 특성을 보여주는 것이고. 천간, 지장간은 그 사람의 직업적 인자를 섬세하게 따질 때 사용할 수 있다(지장간에 있는 인성은 기본적으로 인성 역량을 발휘하는데 지장이 된다).

⑦ 신살

천간과 지지의 신살로 名이나 實이냐를 따지고 空亡, 귀인들의 작용, 12운성에 의한 속성 차이, 지지와 지지에서 동작, 행위를 분석할 수 있는 合, 沖, 刑, 破, 원진 기타 12神殺. 흔하게 볼 수 있는 모양은 아니지만 사주에 상당히 오랫동안 성립되어 작용되는 조건부 신살, 예를 들면 천라지망 등이 있다.

(2) 사주 해석의 중요 육친 파악

　　八字의 육친을 확인할 때는 제일 먼저 재(財)를 본다. 재가 건전하다는 것은 기본적으로 활동 무대가 건강하다는 의미이기 때문이다.

　　두 번째로 관(官)이 건강하고 건전한 세력이 있는지 확인한다. 그럼으로써 재와 관이 세력이 있다는 것은 이 세상에 짝 지을 음양이 있다는 의미로서 세상에서 살아야 하는 이유가 생긴다는 것으로 세속으로나 사회활동 측면에서 활동력을 가진 사람이 된다는 의미가 된다.

　　세 번째로 식상이 건전한 지를 봐야 한다. 이는 관과 식상이 서로 짝이 되기 때문에 관도 오랫동안 떠나지 않는 관이 된다. 식상이 있으면 관운이 길게 갈 수 있다. 왜냐하면 관운을 흔드는 비겁이 오면 관은 반드시 흔들리게 되어 있어 식상이 있으면 조절 능력이 생겨 비겁의 폐해를 피할 수 있다.

　　마지막으로 재성과 짝이 되는 인성을 본다. 인성은 재물을 오랫동안 머무르게 해서 인성이 없는 재성은 굴곡이 생겨 어려움을 겪게 된다. 인성을 떠난 재성은 의미가 없다. 그리고 관인 소통, 식상을 조절하고, 비겁이 마음대로 움직이지 못하게 함으로써 사주 해석에 인성이 지대한 영향력을 발휘하기 때문에 아주 중요하게 확인을 해야 하는 육친이다.

(3) 사례 연구를 통한 사주 해석 방법

사례 1. 포국이 되는 命

乾 | 己 己 己 丙 | 丙乙甲癸壬辛庚
　　| 巳 卯 亥 寅 | 午巳辰卯寅丑子

〈사주 특징〉

결혼 후 자식을 낳은 후 인생이 풀림.

多官命.

식상이 없고 空亡.

〈사주 해석〉

지지 대세가 多官이라 조직 생활을 하면 일복이 많다. 多官에 의해 직장이동. 직업 변화가 많다. 일이 많아 딴 곳으로 이직했는 데, 초기에는 편한줄 알고 지내다 보면 가면 갈수록 일이 많아진다. 官에 의한 희생 작용이 발생하는 것이다.

官이 똑똑하고 세력이 있다는 것은 세월이 흘러 자식이 세력 있는 자식이 되는데 본인은 그 官을 만나서 희생하고 봉사해야 한다. 그래서 官이 득세해 있는 사람은 만약에 총각으로 있으면 본인도 잘 안 풀린다. 사주에 官이 뚜렷한데 자식을 안 가지면 官의 작용력이 미미하다. 이런 八字가 개운을 하려면 자식을 두는 것으로 官(자식)은 처의 식상을 얻는 뜻이 되기에 보통 좋은 자식을 얻기 위한 결혼이 되는 경우가 된다. 이런 八字는 官(자식)을 얻은 뒤라야 본인의 존재가 이 세상에 태어나게 된다.

多官命이라 官의 희생 작용이 발생하는데 그 관의 부담이 결국은 자식에게 돌아가게 된다. 그래서 官을 위해 희생하고 봉사를 해야 하는 데 본인은 官이 너무 강하면 괴롭고 힘들게 된다. 그런데 자식의 번영은 예사롭지 않은데, 이때 官의 무게감과 압박을 선용하게 되면, 즉 官에 봉사한다는 마음, 즐겁게 희생한다는 마음으로 일한다면 자식의 번영도 손쉽게 이루어진다. 하지만 官이 힘들다고 괴로워하면 자식 번영도 괴롭게 번영하게 된다.

위 八字의 치명적인 약점이 배우자의 건강이다. 배우자가 亥水인데 八字의 음양적인, 조후적인 측면에서 매우 중요한 것으로 결혼함으로써 좋아지는 명이다. 배우자를 끔직히 아끼는 命이라 할 수 있다.

그런데 배우자 亥水가 궁에 들어가면 死地가 되고 오히려 癸水 편재가 장생하게 되므로 대체로 처유정이 어렵고 처 인연이 불안하다. 그리고 식상이 없는 팔자라 財의 연속성이 떨어지고 배우자 인연의 굴곡이 발생할 수 밖에 없다. 아래 사람을 많이 거느리고 하는 일에, 생산 제조하는 일에 인연이 박할 수밖에 없다.

대운이 辰, 巳, 午, 未로 흘러가고 있어 卯木과 亥水의 흐름을 잘 살펴보면 卯木의 작용이 잘 펼쳐지고 있어 관인 소통이 이루어 지면서 (관과 인성이 격각으로 쉽게 써먹기는 힘들지만) 특수 조직에서 최고 관리자까지 성공할 수 있는 흐름으로 가는데 亥水는 입묘, 절, 태지로 흘러 처의 건강이 악화되거나 처의 인연이 나빠지는 경우가 발생한다. 그래서 이름은 얻었으나 財는 合에 의해 점진적으로 소진하게 된다.

만약 대운이 亥, 子, 丑으로 가면 卯가 덜 펼쳐지고 亥水가 펼쳐져 처의 활동력은 왕성해지고 卯는 亥, 子, 丑이라는 세속 공간이 아닌 교육적이고 정신적인 공간에서 사회활동이 펼쳐진다.

오십대 중반부터 인성운이 겁재를 달고 와서 재물에 대한 욕심으로 공동 투자로 사업을 하려고 할 수 있는데 이때 財의 분탈로 막대한 손해를 볼 수 있다. 그래서 그동안 모은 돈을 사업을 벌이는 일보다는 부동산에 투자해서 재산의 축적 방식의변화를 주는 것이 꼭 지켜야할 현명한 재산 지키는 자산 운용 방법이다.

사례 2.

坤　| 甲 癸 乙 戊 |　戊 己 庚 辛 壬 癸 甲
　　| 子 卯 丑 申 |　午 未 申 酉 戌 亥 子

〈사주 특징〉

조후가 기울어져 실조. 비겁으로 쌓여 있어 사회성 부족과 남편 덕이 부족.

火가 없고 金, 水 기운이 가득함.

〈사주 해석〉

비겁이 둘러싸여져 있고 火 부족으로 전반적으로 사회 참여와 성취, 보상이 늦어지는 命. 건강도 좋지 않아 삶의 의욕이 약화로 매사에 자신감 결여. 시집갈 생각도 하지 않고 공부를 더 하고 싶어하지만 공부의 효율성이 떨어져 본인의 뜻을 이루지 못하고 있다. 火 부족으로 인해 하는 수 없이 하는 공부라서 더욱 그러한 형국이다.

이런 八字를 개운하려면 가능하면 빨리 결혼해서 자식을 낳아 어느 정도 성장하면 건강도 개선되고 모든 환경이 나아지게 되어 그때부터 진취적인 뜻을 이루기 시작한다(金, 水 강한 기운을 설기해 주는 기운인 木, 즉 식상이 있어 늦게나마 박사 학위를 취득한 命).

타고난 팔자가 남편의 덕을 입고 살기에는 쉽지 않은 명인데 인생 후반기부터 남자 덕과 사회적인 활동으로 좋아질 命.

사례 3.

乾　己 庚 丁 丙　　甲 癸 壬 辛 庚 己 戊
　　卯 辰 酉 申　　辰 卯 寅 丑 子 亥 戌

⟨사주 특징⟩

관인 소통명으로 직장명인데 운은 식 재운으로 간다.

申, 酉 공망이라 관도 공망.

⟨사주 해석⟩

관, 인이 잘 생겨 안정된 八字라 조직사회 지도자로서 가는 것이 그릇에 맞는 모양인데 운이 그것을 훼손하고 있어 원하는 직업을 구하는데 상당한 애로가 발생. 사주에 식상도 없고, 정재 위주라 운을 따라가기 쉽지 않은 命.

실제로 고시 공부를 오랫동안 준비한 命. 관성이 비록 공망을 맞았지만 천간에 폼을 잡고 있고 비겁이 투철해서 강한 의지로 열심히 고시를 준비했지만 관이 공망, 비겁의 분탈로 뜻을 이루지 못해 7급 공무원으로 일을 시작한 命.

위 命은 관이 천간에 노출되어 그 규모가 공공이나 남들의 시선이 많은 곳에 근무할 八字인데 관성이 空亡이라 중앙이라면 별정직, 특별직이고 지방이라면 밖으로 폼이 좀 나는 지방 공직(경기도)이고 중간 관리자는 된다.

운의 흐름과 관 空亡으로 인해 큰 벼슬을 해야 되는 八字를 방해하기 때문에 부득이 글과 학문을 통하되 벼슬을 구하지 않는 자격증 분야나 기타 분야에 인연이 있다. 교수직 쪽으로 길을 모색해 보는 것도 차선의 방법이 될 수도 있다. 돈벌이나 생활 환경은 운을 따르는 것이 맞지만 자기는 원래 그릇을 따르려고 한다.

식재격도 운이 관인으로 오면 식이 인성이 와서 관이 와서 억제하고 재성은 인성과 부딪히게 되어 제한적으로 식재를 사용할 수 없게 된다. 큰 흐름이 식, 재에 갇혀있으면 입맛에 맞지 않더라도 참아야 한다.

윗 命은 관인격인데 운이 식재로 흘러 그 쪽에 편입할 수 없어 최상의 선택이 아닌 차선을 선택을 한다. 壬寅. 癸卯 대운에는 인성으로 팔짱을 끼고 재성의 용도를 채우는 인허가 임대쪽 사업에 가담하여 경제적 보상을 추구하게 된다.

사례 4.

坤　| 丁 己 壬 甲 |　乙 丙 丁 戊 己 庚 辛
　　| 卯 酉 申 寅 |　丑 寅 卯 辰 巳 午 未

〈사주 특징〉

관 공망(寅, 卯)

서울에서 시간 강사로 있다가 지방 대학 전임으로 일하는 命.

〈사주 해석〉

자식의 성장과 함께 남편의 사회적 역할이 역마와 형과 공망으로 영향을 받는 명. 주말부부나 남편이 먼곳을 출입하는 직업을 수행하던지 아니면 본인의 일로 떨어져 지내야 하는 명, 본인의 상관이 월에 있고 관의 간섭을 받고 있어 관에서 교육하고 있는 교수명이고 남편은 대기업에 근무하는 회사원인데 본인이 자식과 함께 지방에 근무하면서 주말 부부가 된 명.

寅申沖도 되지만 刑이 되어 辰 대운 때 운이 나쁘게 흘러 실제가 자기가 형벌을 구축하는 것이 아니라 오히려 형벌에 노출되어 남편이 관재나 구설, 시비 이런 것에 의한 형옥의 해로움을 당하든지 아니면 실제로 질병이라든지 건강이 노출되어 수술등을 거쳐 신체상의 손상이 있는데 실제로는 남편이 감옥에 간 命.

日, 時 相沖으로 자식과 남편의 조화력 부족으로 자식이나 남편 중에 하나만을 취사선택해야 한다. 윗 命은 자식을 품안에 두고 있는 모양이므로 자식이 성장하면 부부 인연의 불안 인자를 보통 겪게 된다. 그런데 남편이 먼 곳을 출입하는 직업일 때는 상관없는데 동거해서 오랫동안 지내면 반드시 남편과 자식의 시소 운세를 다투게 되어 갈등 세월이 발생한다. 결국 자식이 남편을 밀쳐내는 모양으로 자식의 성장이나 발전이 아버지를 버리게 되어 있어 죄를 짓는 어떤 형태가 되어 아쉬운 命이다.

사례 5.

乾　| 辛 甲 ○ ○ |
　　| 未 戌 午 酉 |

〈사주 특징〉

아무리 별 볼일 없는 八字라도 八字에 타고난 삶의 무기로 살면 충분히 잘 살 수 있다.

사람마다 살상용 무기를 타고난다.

〈사주 해석〉

사주에 水(인성)가 없고 年에 酉金 空亡. 상관 午火의 모양(유흥, 기호) 취하면서 인성을 취하지 않고 금전 활동을 하면 된다.

시내 중심 사거리 모퉁이에서 붕어빵 장사를 한다. 부동산과 문서의 근거 없이 장사를 하면 식상이 재성과 함께 있어 비교적 장사는 잘된다. 다만 건강이 허락하지 않아 일일이 신경 쓰지 못하지만 장사는 잘된다.

八字에 강조된 인자를 최대한 유지하면서 쓰는 것이 오랫동안 번영하는 방법이고 장사가 잘 되서 점포에 들어가면 그때부터 장사가 안 되고 허덕인다. 강화된 무기와 八字의 모양새를 벗어나기 때문이다.

乾 | 丁 戊 ○ ○ |
  | 巳 戌 午 未 |

조후가 기울어져 있고 八字에 강조된 것은 인성이고 양인이 비겁을 안고 있고 午와 午戌, 戌未 즉, 자기 팔 다리 전문 기술로 가공성 형태로 금전 활동을 하는 命.

조후가 무너져 자연스런 경제적 보상은 방해를 받지만 자기가 관련된 일 그 자체만큼은 잘 할 수 있다. 비겁이 에워싸고 있어 개인적 금전, 인간 관계, 사회적 관계가 고달프지만

金, 水 운으로 조후가 채워주고, 재산 축적이 이루어지는데 재산을 지키고 관리하는 방법은 부동산이나 문서 외에는 다른 것을 절대하면 안 된다.

조후가 기울어져 있다는 것은 직업에 문제를 주는 것이 아니라 인간사의 길흉에서 고충이 발생한다(겁제가 돈을 분탈하든지, 부인이 몸이 아파서 처덕을 못 본다). 이런 사람이 유통업을 하면 골병이 든다. 조후가 기울어졌을 때 기울어진 그대로 취해서 단품목, 외길로 가야된다.

坤　| 庚 辛 ○ ○ |
　　| 寅 酉 未 ○ |

식상이 없어서 단품 요리, 八字에 강조된 무기가 편인으로 팔짱끼고 돈을 벌거나 음식 장사(기호식품)를 하는 命.

상품의 모양새가 재성의 모양새인데 여기 원진이 가미되어 모양이 변형, 푹 삶아서 모양이 변형된 것으로 곰탕, 설렁탕으로 대박난 命.

사례 6.

乾　| 乙 辛 戊 甲 |　乙甲癸壬辛庚己
　　| 未 卯 辰 子 |　亥戌酉申未午巳

〈사주 특징〉

인성이 대세인 것 같은데 辰土는 子水에 의해 未土는 卯木에 의해 木이 대세.

초년 운의 흐름이 관, 인으로 흘러 자격증으로 직업을 가져 병원에서 근무하는 命.

사주에 火(관)가 없는 命.

〈사주 해석〉

　대운이 인성을 도우면서 글과 학문을 통하여 직업 성취가 이루어질 수 있는데, 조후와 식신이 약화되어, 공부 집중을 하지 못해 본인의 기대에 못 미치는 직업 성취.

　사주가 편재로 보고는 있지만 재다신약 命으로 사업을 통해 번영을 구하기는 쉽지 않다. 이런 命은 재(財)력으로 살아야 된다. 그래서 이런 八字는 결혼하는 것과 안하는 것이 판이하게 달라진다. 그리고 사업을 도모하더라도 독립적으로는 안 된다. 처의 참여나 보조가 있어야 한다.

　일주가 아닌 일빈의 命으로 살아야 하는 命으로 재성의 힘을 빌려서 결국 자기 삶을 구축하게 된다. 씨앗(八字) 자체에서 에너지를 쓴 것이 아니라 밭에서 에너지를 활용해서 자기 목적을 이루어야 한다.

　酉 대운에 오면 사주가 편재를 보고 있고, 녹 대운이 와서 저돌성을 갖고, 사주에 발달한 식신을 통한 음식 장사를 처 동업을 통해 번영할 것이라 본다. 재산의 취득이나 명의도 처가 주도하는 형태로 활동해야 번영할 수 있다. 申, 酉 대운 때 비겁이 중복하여, 부인과는 피곤해서 못하겠다고 독립을 도모했다가 보통 1~2년 만에 실패하고 다시 부인과 같이 사업하는 경우가 많다.

　몸이 튼튼하면 식신의 기운을 그대로 편하게 삼아 활동분야로 삼을 수 있으나 오행적 세력이 없으면 이것에 의지하여 깃발이 되면 된다. 재성 혼잡으로 이런 命은 40세 넘어반쯤 지쳐서 결혼하게 된다. 본인이 주(主)로서 움직일 때 財를 취하고 객(客)으로 움직일 때는 官을 취하는 식으로 삶의 모양이 이루어진다.

재성 득세에 신약한 명조인 경우 성혼을 하여 부인을 얻기 전에는 삶의 굴곡성이 크게 나타나다가 결혼을 해서 부인이 주도적으로 움직이고 본인이 보조하는 형태가 되면 그 삶이 안정적이고 편안한 모양이 된다. 이때 삶의 방식은 부인을 주인공으로 자신이 행성처럼 도는 것인데, 본인이 힘을 쓸만하다고 독립을 꾀하면 운에 상관없이 기복을 크게 겪는 모양이 된다.

사례 7.

乾　甲 己 壬 丁　　乙 丙 丁 戊 己 庚 辛
　　戌 未 子 未　　巳 午 未 申 酉 戌 亥

〈사주 특징〉

월에 있는 자수가 편재, 공망, 천을귀인으로 부모과의 관계.
12神殺로 본 부모와 자식의 관계.

〈사주 해석〉

월의 육친이 정재로 득세해 있으면 50~150억 이상의 재산 상속을 받을 수 있는데, 이것이 편재, 공망, 천을귀인이라 부모로부터 어느 정도 경제적 혜택을 입어야 할 때 결정적으로 날아간 형태가 된다.

족보는 화려한데 실질적 혜택은 자기에게 무력화 되어 있다. 대체로 귀골 즉, 부모가 신분적으로 높은 사회적 지위를 이룩했거나 경제적 유력함은 있었던 사람이지만 실질적인 혜택은 아주 부족하고, 상징적인 형태로 밖에 오지 않는다.

日과 月의 관계를 선후로 따져 보면 일지 未가 월지 子보다 먼저이고 일지가 천살에 해당하는 命은 부모로부터 혜택을 입더라도 감사하는 마음이 아니라 당연해 하는 마음이다.

오히려 못 해주면 나의 욕구를 채워줄 수 없는 부모의 역량과 활동성 때문에 자신이 잘 안 풀린다고 생각하는 피해의식을 가진다. 실컷 받고도 자기는 피해의식을 가지고 살아나는 것이 선후 관계에 의한 힘의 차이라는 것이다.

일지에 천살을 깔고 앉았으니 나를 왕처럼 대접하지 않으면 갈등이 심한 형태나 피해 의식 속에서 살아간다.

사례 8.

坤　乙 癸 庚 癸　戊丁丙乙甲癸壬辛
　　卯 卯 申 丑　辰卯寅丑子亥戌酉

〈사주 특징〉

재성, 인성의 부조화로 인해 父와 母의 왜곡으로 인한 삶에 대한 원천적인 신뢰가 약함.

인성 득세와 火(재성)가 없어서 사회적 능력 발휘에 애로가 있는 命.

원국과 대운의 조후 실조이기 때문에 생활고로 힘든 命.

〈사주 해석〉

가족 구성에 편재(父)가 있고 정인(母)의 모습이 가장 이상적인 모양인데, 편재를 못 쓰고 정재를 쓴다든지 없다든지, 정인을 못 쓰고 편인을 쓴다든지 없든지 함으로써 부모의 덕이 이상적인 모양새를 갖추지 못한다.

정상적이고 제대로 된 부모의 덕을 입지 못해 정상적인 성장을 못해 병약하게 되는 경우가 많다.

윗 命은 月에 인성이 강한 반면, 재성이 없어 아주 위축된 모양으로 父와 母의 인연은 父가 떨어져서 왕성하게 활동을 하거나, 동거하여 아주 위축된 모양의 사회 활동을 구하는 인연인 경우에는 별 무리가 없지만 母와 동거하면서 주도적이고 왕성한 활동을 벌인다면 필히 부부 인연은 멀어지게 될 것이며 母가 강한 주도력을 갖는 모습으로 정성적인 부모 덕을 입기가 쉽지 않은 命.

인성은 기본적으로 학습과 사회성으로 보는데 이러한 인성을 사회적 가치로 쓸 수 있게 하는 힘이 재성이기 때문에 인성을 볼 때 재성의 짝이 있는지를 살펴야 한다.

인성이 아무리 많아도 재성을 만나지 못하면 사회적 가치로 환원하는 힘이 떨어지고, 재산적인 형태로 바꾸어 쓰지 못한다.

인성만 득세해 있으면 父와 母의 인연이 기울어시고 부모의 덕이 한쪽으로 편향되어 있고 유년 환경이 나빠지고 사회 참여를 위한 학습과 사회적인 능력을 발휘하는데 장애가 생길 수 있다. 공부는 잘하는데 경제적 수입과는 상관이 없다.

옛말에 '부모 덕이 없는 여자는 남편 덕도 없다'라는 말이 있는데 편재와 인성의 조화가 없는 사람이 어찌 남편 덕이 있겠냐는 말과 일맥상통하는 말이다. 八字에 관이 있어도 재성이 조화. 식상의 조화 인성의 조화가 없다는 말은 이미 무력한 관이라는 말을 의미한다.

관이 없으니 남편이 없는 것과 같고, 인성이 없으니 관의 식상 즉 인성의 소통이 없으니 관의 덕을 얻기가 어렵고, 식상이 없다는 것은 이미 관의 형태를 오랫동안 지속할 수 있는 힘을 얻기 힘들어 덕이 없는 것이다.

사례 9.

坤　甲 戊 己 乙
　　寅 辰 卯 巳

〈사주 특징〉

관, 식의 모양을 알면 그 사람의 직업이 뚜렷하게 드러난다.

〈사주 해석〉

多官命이면서 식상이 없는 命으로 관의 입장에서 내가 재성이 되니 관이 부르면 내가 예하고 가야되고 나를 부르거나 제어 존재가 많아 온 동네 사람들의 치다꺼리를 봐주는 존재로서 오히려 고개 숙이고 따라가야 될 일이 많다.

내 목소리는 낼 수 없고 일은 많은 모양으로 대민 서비스 업무에 종사한다.

관이 득세해서 부모나 여러 가지 사회적 분위기가 조성해 주는 대로 잘 따라 일찍 식상운이 열려 혼인은 했으나 결혼 후 궁합의 조화력이 약하며 쉽게 깨지게 되어 이혼한 命.

남자를 붙들어 놓는 힘이 나와 관만 있어 혼자서 감당해야 하는데, 식상이 있으며 이성적인 매력으로 관을 충분히 내 곁에 있게 할 수 있는 힘이 된다. 아능구모 (兒能救母)라 아이가 능히 엄마를 구한다는 말과 통한다.

팔자에 자식이 없기에 자식에 대해 집착하고 자식만 보면 마음이 후련해서 굉장히 반기는데 그것을 넘어 집착해서 한 집에 살면 자식이 잘 안 풀리고 걱정거리가 된다. 그래서 자식의 발전이나 번영을 위해서는 자식이 부모 곁을 떠나 생활하는 것이 좋다.

坤 壬 丙 甲 癸
　　辰 子 子 酉

多官命이고 식상이 있는 命으로 상관(辰)으로 月의 子水와 日의 子水를 붙들고 있는 모양으로 내 노래로 좌우 무대를 향해 이 사람 저 사람을 상대하니 자신의 개인적인 재능으로 여러 사람을 상대하는 命이다.

사람을 많이 대하는 것 뿐 아니라 나의 노래가 들어가서 주로 접객성 사업을 할 수 있다. 관살혼잡으로 인해 혼인에 많은 갈등이 있어 힘들 수 있지만 이것을 직업적으로 사람을 많이 상대하는 접객성 사업으로 선용하면 좋은 결과를 얻을 수도 있다.

　개인적으로 노래가 들어간다는 것은 유흥 분야에서 일할 수 있는 것을 뜻하기도 한다.

인생에서는 어떤 스타일로 살았기 때문에
성공한다는 것이 아니고, 스타일은 총을 가져갈 수도 있고,
칼, 도끼를 가져갈 수 있는데 결국은
먹이를 발견한 사람이 승리자가 된다.
먹이는 누가 발견하느냐 하면 운좋은 사람이 발견한다.
자기가 사용하는 도구적인 역량은 확률만 좀 더 보여주는 것이고
실질적 성공이나 보상은 운으로써 어느 정도 보상되고 있다.

四柱命理

맺는말

책을 쓰기 시작할 때의 마음은 상당한 의욕과 사명감을 갖고 있었지만 막상 책을 완성하는 시점에서는 부끄럽고, 많은 아쉬운 점이 있어 책으로 남기는데 망설임의 시간이 있었다.

그러나 우연히 2013년 가을에 인생의 한 모퉁이에서 만난 사주명리와 함께 해 온 시간 속에서 여러 가지 공부를 통해 사주명리에 투영된 삶의 지혜와 질문을 나에게 하곤 했다.

"사주명리가 과연 우리의 삶 속에 의미 있는 학문일까?", "사주명리의 참뜻을 어떻게 하면 밖으로 드러내어 누구나 거리낌없이 공유하고 알아볼 수 있는 사회적 분위기 조성을 할 수 있을까?", "사주명리가 가지고 있는 삶의 지혜와 철학을 어떻게 하면 여러 가지 현업에 적용하여 활용할 수 있는 방법을 찾을 수 있을까?"

필자는 학문의 궁극적인 목적은 그 학문으로 인해 사람과 사람과 관련된 것에 선하고 긍정적인 영향력을 줄 수 있어야 한다고 본다.

그렇다면 수천년의 역사를 가진 사주명리는 역사로 볼 때 지금까지 우리들에게 아직까지 관심이 되고 있는 것은 분명 존재의 이유와 사람의 욕구를 충족해 주는 학문임에는 분명하다. 그런데 사주명리가 갖고 있는 역사의 시간만큼 사회적으로 학문적으로 정통성을 인정받지 못하고 있다.

사주명리로 풀어내는 인간사를 많은 사람들은 궁금해 하고 그 궁금증을 해소해 주는 인간사 소통학문임에도 사회에 드러내놓고 이야기하지 못하는 사회적 분위기가 너무 아쉬운 부분이 많았다. 그래서 이 책을 쓰고자 한 소박한 이유가 어떻게 하면 사주 명리가 사람과 함께 걸어온 역사만큼 많은 사람들의 자연스러운 관심

속에서 실생활에 접목하고 자신의 삶에 유용하고 통찰의 학문으로 자리를 잡을 수 있는 계기를 만들고 싶었다.

〈사주명리 인생이 보인다〉라는 타이틀을 통해 많은 사람들의 관심과 호기심을 유발시켜 인생을 살아가는데 한번쯤은 사주명리를 접해 자신의 삶을 성찰해 보고 사주명리가 정말 실용적인 학문이라는 가치를 느끼게 하고 싶었다. 물론 의욕만 앞선 나머지 디테일이 많이 부족하지만, 최대한 많은 사람들이 쉽게 호기심을 갖고 사주명리에 접근할 수 있는 방법을 찾으려고 노력했다.

하지만 책에 담아 놓은 내용만으로 이 모든 것을 해소할 수 있을 만큼 충분하지 않다는 점을 분명히 밝힌다. 책에서는 그저 중요한 아젠다를 제시해서 그 방향성을 제시했지만 그 아젠다의 정확한 이해와 활용을 위해서 각자의 노력과 수고를 기울여 공부하고 노력을 해야 할 것이라고 본다.

그리고 정확하고, 임팩트 있는 내용을 간결하게 전달하기 위해 잘 정리되고, 누구나 쉽게 수용할 수 있는 내용이 담겨져 있는 저서의 내용을 그대로 인용하여 첨부했음을 밝혀준다. 구체적인 예는 책 내용 중 첨부 사항을 별도로 표기하는 방식으로 서술하였다.

현대사회는 너무나 모든 것이 감각적이 자극적인 행태가 최신 트랜드로 주목받는 시대라 인간의 성찰과 반성을 통한 성숙함이 미흡해서 너무 많은 부작용과 여기저기에서 불협화음이 생기고 있다.

예를 들면 분수를 모르고 무모한 행동을 저질러 사회적 물의가 생겨나고, 목적을 위해서는 과정과 방법이 공정과 상식에 위배해는 사회적 현상, 감적적인 것과 튀는 것이 성공의 모델인 양 너도 나도 할 것 없이 그런 추세에 맹목적인 추종하는 사회적 분위기 등 여러 가지가 있다. 이러한 사회적 분위기 속에서 사람의 운명을 논하는 사주명리가 어떤 좋은 영향을 주어 사회적 분위기를 개선시킬 수 있는 지가 애매할 수는 있지만 사주명리의 근본은 인간도 자연의 한 부분으로 자연과 함께 순환해서 인간의 삶도 자연의 순환법칙에 따른다는 것이다.

그래서 사람 역시 자연의 순환법칙을 따라 봄 여름 가을 겨울을 걸쳐 소생해서 성장하고 열매를 맺고 수확하고 마지막으로 은퇴하여 삶을 마무리하는 과정을 밟게 된다.

이 때 그 계절이 주는 교훈, 봄은 힘들지만 희망을 갖고, 여름은 지나친 욕심을 경계하면서 살고, 가을은 남과 비교해서 발생되는 시기와 질투를 경계하는 삶을 살고, 겨울은 때가 되면 물러날 줄 아는 것이 인생에 중요한 과정이라는 것을 받아들일 줄 아는 인생의 지혜를 깨우치기를 바랄뿐이다.

자신의 운명의 분수를 지켜 다른 사람에게 피해를 주지 않고 자애자족할 하는 삶을 살 수 있는 현명함을 사주명리를 통해 깨닫게 되면 좋겠다는 바람으로 이제 마무리할까 한다.

사주명리 인생이 보인다

초판 1쇄 찍음 2024년 2월 13일
초판 1쇄 펴냄 2024년 2월 15일

지은이 최경환

발행인 김철우
발행   ㈜누리달
주소   서울 구로구 가마산로20다길 8-10
등록   제 25100-2012-000057호
전화   070-4352-3377
팩스   050-4188-0443
이메일 kc0377@nate.com

가격   18,000원
ISBN   979-11-6290-136-6 03180